골프 스코어
확실하게 줄이는 법

골프 스코어 확실하게 줄이는 법

지은이 Tim Baker
펴낸이 양동현
펴낸곳 도서출판 아카데미북
      출판등록 제 13-493호
      136-034, 서울 성북구 동소문로13가길 27번지
      대표전화 02) 927-2345 팩스 02) 927-3199

초판 1쇄 인쇄 2011년 6월 15일
초판 1쇄 발행 2011년 6월 20일

ISBN 978-89-5681-133-8 / 13690

BEAT YOUR BEST GOLF SCORE
First published 2008 under the title Beat Your Best Golf Score by David & Charles Brunel House,
Newton Abbot, Devon, TQ12 4 PU Copyright ⓒ David & Charles 2008
Source material courtesy of *Today's Golf Magazine* ⓒ Emap Active Photography by Bob Atkins & Angus Murray.
KOREAN language edition published by Academybook, Copyright ⓒ 2011
KOREAN translation rights arranged with David & Charles and Academybook, through PLS Agency, Seoul.

이 책의 한국어판 저작권은 PLS를 통한 저작권자와의 독점 계약으로
도서출판 아카데미북에 있습니다. 신저작권법에 의해 보호받는 저작물이므로
무단으로 전재하거나 복제할 수 없습니다.

www.academy-book.co.kr

골프 스코어 확실하게 줄이는 법

팀 베이커(Tim Baker) 엮음 | PLS 번역

아카데미북

머리말

골프에 관한 조언들은 복잡하고 기술적이다. 골프 상급자들을 위한 스윙에 관한 조언들은 초보자들에게는 헷갈리는 것일 수 있다. 100타를 넘나드는 초보자들은 정확한 척추의 각도를 유지하는 것보다는 볼을 치는 데 더 신경을 쓴다. 반면에 실력 있는 골퍼들은 '스윙 처방전'이나 '확률 높은 플레이에 대한 조언들'을 꼭 버디를 하기 위해 듣는 것은 아니다.

이 책은 클럽 대회에서 우승하기 위해서든, 첫 라운딩에서 두 자릿수 스코어를 내기 위해서든, 당신의 수준에 맞는 조언들과 활용 가능한 팁들을 모아 둔 것이다. 제1부는 드라이버에서 퍼팅까지 기술적인 부분들을 엄선하여 더 나은 스윙을 할 수 있게 하는 데 도움을 주고, 제2부는 코스에서 흔히 부딪치는 어려운 상황에서 도움이 되는 결정을 내릴 수 있게 하고 전략을 만들어 준다.

모든 골퍼들은 플레이의 지속적인 발전과 다음 단계로의 도약을 원하지만 프로 수준의 스윙을 구사하기도 쉽지 않고, 하루에 몇 시간씩 시간을 내기도 어렵다. 하지만 이 책의 핸디캡별 조언을 통해 당신은 원하는 목적을 이룰 수 있다. 올바른 상황별 결정과 전략을 세우고 베스트 스코어를 만들기 위한 기회를 극대화하라.

차례

머리말 • 4

제1부 테크닉에 관한 조언

셋업 Set-up
프리-샷 루틴 만들기 • 10
정확한 준비 자세를 만들어라 • 12
볼과의 올바른 거리 • 14
스탠스에 무너지지 마라 • 16
타깃 라인을 확인하라 • 18

스윙 Swing
정확한 궤도상의 스윙 • 20
정확한 임팩트 자세를 찾아라 • 22
스윙의 연결 상태를 유지하라 • 24
일관된 스윙 궤도를 만든다 • 26
무릎 고정을 조심하라 • 28
세계적인 프로들의 스윙 자세 • 30
정확한 임팩트를 상상하라 • 34
좋은 타격을 위한 균형 있는 스윙 • 36

드라이빙 Driving
티샷의 긴장감 해결 • 38
파워에 대한 잘못된 조언은 잊어버린다 • 40
파워를 내기 위한 올바른 자세 • 42
바람 아래로 샷을 하라 • 44
비거리 향상을 위한 하체 이용 • 46
트러블 지역에서 벗어나라 • 48

contents

스루 더 그린 Through the Green
거리 제어를 위한 스윙 조절 • 50
높게 그리고 낮게 샷하기 • 52
올바른 클럽 선택 • 54
러프에서는 현실적이 되라 • 56
백스핀 조절을 위한 템포 • 58
간단하게 피치 샷으로 붙이기 • 60
공격적인 짧은 피치 샷 • 61
칩 샷에서의 더프를 피하라 • 62
칩 샷은 한 가지로 한다 • 64

벙커 Bunkers
벙커 안에 있는 공은 무시하라 • 66
스핀 조절 • 68
벙커 가장자리에 대한 전략 • 70
벙커 턱에서 탈출하기 • 72
벙커에 알맞은 클럽 • 73
페어웨이 벙커에서의 샷 • 74

퍼팅 Putting
고개를 들지 마라 • 76
선을 긋는다 • 77
탑스핀으로 퍼팅하라 • 78
팔을 퍼팅 라인에 둔다 • 80
얼굴을 감싸고 보라 • 81
경사면에서의 추측 • 82
퍼터를 낮게 유지하라 • 83
빠른 퍼트는 토 부분으로 • 84

제2부 코스 전략

견고한 드라이버 샷 • 88
PAR 3 • 94
200야드 지점 • 98
러프에서의 샷 • 104
페어웨이 벙커 샷 • 108
어프로치 샷 • 114
나무에 가려진 경우의 샷 • 120
연못을 건너는 피칭 샷 • 126
긴 벙커 샷 • 132
벙커가 중간에 있는 경우 • 138
그린 주변의 벙커 샷 • 142
에그 프라이 벙커 샷 • 148
그린 앞의 언덕 • 154

티칭 프로 • 160

제1부
테크닉

셋-업 Set-up

프리-샷 루틴 만들기

핸디캡이 큰 골퍼들은 두 번의 샷을 연속으로 같은 방향으로 보내는 일관성이 부족하다. 한 번은 왼쪽의 러프를 겨냥하고, 다음 샷은 오른쪽의 벙커를 겨냥한다. 다행히도 이런 문제는 쉽게 고칠 수 있다.

정확한 정렬을 복잡하게 만드는 원인은 두 가지다. 하나는 항상 멀리 있는 타깃을 보려고 하는 것이고, 또 하나는 타깃의 옆부분을 향해 서 있는 것이다.

여기의 6단계의 '프리-샷 루틴'*을 배운다면 전체적으로 흔들림 없는 일관적인 패턴으로 자신감을 주는 어드레스를 하게 될 것이다.

1단계 : 볼 뒤의 타깃 방향 연장선에 서라
타깃 방향으로 날아가는 공의 예상 경로를 알아야 한다. 볼 뒤에 서서 공이 날아가는 연장선을 그린다. 선 뒤쪽에 정확히 일직선으로 정렬하는 것도 매우 중요하다. 볼과 타깃의 연장선 위, 볼의 몇 m 앞에 있는 디봇 자국이나 움직이지 않는 꽃잎, 부러진 티 등을 찾는다.

2단계 : '가까운' 타깃을 정하라
타깃 방향 연장선에 있는 파란색 티를 '가까운' 타깃으로 삼는다. 이 '가까운' 타깃이 핀에 대한 겨냥이라 확신하고 클럽페이스를 타깃과 스퀘어로 놓는다. 즉 클럽페이스 밑부분은 '가까운' 타깃과 공의 연장선에 수직을 이룬다.

***프리-샷 루틴 Pre-shot routine** : 샷을 하기 전에 하는 일련의 행동. 연습 스윙은 물론 방향을 설정하고 어드레스를 취하는 모든 행동 - 역주

3단계 : 오른발로 시작하라

'가까운' 타깃인 파란색 티 덕분에 클럽페이스는 타깃을 정확히 향하고 있다. 클럽페이스는 당신의 몸을 정확히 정렬하는 데 기준이 되도록 이용한다. 먼저 오른쪽 발(왼손잡이 골퍼는 왼쪽 발)을 시작으로 다리, 엉덩이, 어깨를 클럽페이스와 평행하게 정렬한다.

4단계 : 양 발의 선을 클럽페이스와 평행하게 정렬한다

이때 클럽페이스는 여전히 '가까운' 타깃을 향해 스퀘어인지 확인한다. 클럽페이스와 몸의 정확한 정렬로 인해 정확하게 '가까운' 타깃 위로 볼을 칠 수 있다는 자신감을 가져라.

5단계 : 멀리 있는 타깃을 바라보라

'가까운' 타깃으로 클럽페이스와 몸을 타깃과 평행하게 정렬했다면, 볼을 보내야 할 곳을 다시 한 번 머릿속에 그린다. 어디로 보내야 할지 한 번 내지 두 번 정도 바라보고 그 타깃을 기억하는 것이 중요하다. 이것은 당신의 스윙에 목적을 갖게 한다.

6단계 : 볼을 쳐라

이 여섯 단계는 타깃을 정확하게 겨냥하고 스윙을 자신 있게 하도록 도와준다. 이 여섯 단계가 습관이 될 때까지 반복하여 연습한다. 정확하게 타깃을 향해 조준하는 습관을 만드는 것이다. 습관이 되었더라도 항상 확인해야만 원하는 타깃 지점을 벗어나지 않을 것이다.

정확한 준비 자세를 만들어라

몇몇 핸디캡이 높은 골퍼들은 어드레스 시 정확한 셋-업을 하지 못한다. 그 결과 볼을 잘 칠 수 있는 기회를 잃게 된다.
스윙을 시작하기 전에 확인해야 할 다섯 가지가 여기에 있다. 정확하게 이 부분을 익힌다면 당신의 스코어는 즉시 향상될 것이다.

직접 확인하라

어드레스 시 왼쪽 손등과 오른쪽 손바닥이 타깃을 향해 있는지 확인하고 오른손 그립의 엄지와 검지 사이의 V자 방향이 턱과 오른쪽 어깨 사이를 향하게 한다. 그립은 가볍게 쥔다.

오른쪽 손바닥은 타깃을 향한다.

왼쪽 손등이 타깃을 향한다.

이 나뭇잎처럼 타깃과 공의 연장선의 '가까운' 타깃을 조준한다.

편하게 생각하라

클럽 헤드로 몇 미터 앞의 가까운 거리를 정확하게 겨냥하는 것은 먼 거리를 조준하는 것보다 확실히 쉽다. 잭 니클로스(Jack Nicklaus)의 조언에 따라 타깃과의 연장선 위의 나뭇잎, 색이 바랜 잔디나 디봇 같은 '가까운' 타깃을 겨냥하라.

공이 지나치게 앞에 있는 경우

공이 지나치게 뒤에 있는 경우

위치상의 전략

볼의 위치는 매우 중요하다. 드라이버 샷을 할 때 공은 왼발 뒤꿈치 앞 또는 안쪽에 있어야 한다. 볼을 지나치게 앞에 두면 당겨지게 되어 왼쪽으로 날아가고, 지나치게 뒤에 두면 밀려서 오른쪽으로 날아간다. 아이언 샷을 할 때 볼의 위치는 뒤쪽이 좋다.

올바른 평행선을 찾아라

발, 무릎, 엉덩이 그리고 어깨는 타깃 라인과 평행하게 정렬되어야 한다. 클럽을 발, 무릎, 엉덩이, 어깨선과 나란히 놓으면 올바른 타깃 라인을 확인할 수 있다.

자세 포인트

당신의 자세는 견고해야 한다. 방법은 간단하다. 무릎을 구부리고, 허리부터 살짝 숙인 뒤 팔을 자연스럽게 내려뜨린다. 몸이나 팔 어느 쪽도 긴장 상태에 있어서는 안 된다. 이 자세에서 클럽을 잡으면 클럽 헤드의 바닥이 평평하게 바닥에 닿고 토 부분은 살짝 들어올려진다. 만일 자세가 이 그림 같지 않다면 당신의 어드레스는 잘못된 것이다.

볼과의 올바른 거리

핸디캡이 높은 골퍼나 초보자의 문제는 대부분 어드레스 시 볼에 지나치게 가까이 있거나 멀리 서기 때문에 생긴다.
어떤 클럽을 사용하든 어드레스 시 볼과의 올바른 거리를 쉽게 찾을 수 있고 편안하게 느낄 수 있는 방법이 있다.
잘못된 셋-업으로 인해 생기는 문제점들도 알아본다.

올바른 거리
볼과의 거리가 올바를 때 무게 중심은 뒤꿈치나 발가락 어느 한쪽에 치우치지 않고 발바닥 전체에 실린다. 몸은 전반적으로 편안하면서 균형감과 견고함이 느껴진다. 턱은 가슴에서 떨어져 있고 양 팔은 어깨에서 자연스럽게 내려오게 한다.

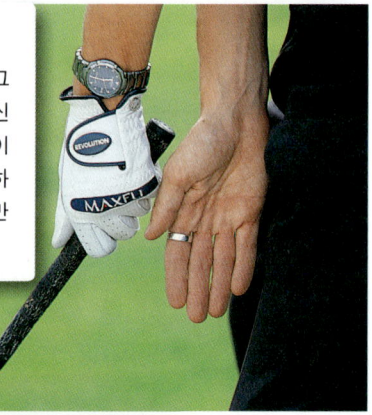

확인 1
어드레스 시 그립의 끝과 자신의 허벅지 사이의 간격은 손 하나가 지나갈 만한 거리다.

확인 2
클럽 헤드 안쪽에 볼을 두고 바닥에 내려놓았을 때, 그립의 끝과 뒤꿈치의 선이 일치한다면 정확한 거리를 알 수 있다.

볼과 멀리
서서 어드레스할 경우 타깃 라인 안쪽으로 평평한 스윙을 하게 된다. 그렇게 되면 스윙의 높이가 낮다는 생각이 들어 팔을 들어올리게 되고 척추의 각도가 변함으로써 일관성 없는 스윙을 하게 된다.

볼과 가까이
서서 어드레스 할 경우 스윙을 하면서 몸이나 어깨를 충분히 회전시킬 수가 없다. 백스윙 시 팔을 들어 올리게 되고 정확한 체중 이동을 할 수가 없게 된다. 이렇게 되면 스윙의 정확성과 일관성이 이루어질 수 없다.

셋-업 Set-up **15**

스탠스에 무너지지 마라

초보자들이 혼동을 겪는 것 가운데 하나가 어드레스 시 스탠스의 간격이다. 어깨 넓이로 벌려야 한다는 말은 많이 들었지만, 올바른 스탠스를 취하는 것이 여전히 고민거리로 남는다.

구력이 오래된 골퍼들조차도 샷을 망치는 이러한 기본적인 문제들을 무심코 지나칠 때가 많다.

당신이 스탠스를 넓게 또는 좁게 섰을 때의 문제점들을 살펴보자.

스탠스가 좁을 때
하체의 견고함과 안정감이 결여되고 상체의 회전을 방해함으로써 균형이 무너지고 잘못된 체중 이동의 원인이 된다. 전반적으로 샷의 파워와 컨트롤에 문제가 생기는 결과를 초래한다.

스탠스가 넓을 때
완전한 스윙 회전을 방해하고 임팩트 후 왼쪽으로의 체중 이동을 어렵게 한다. 손과 팔 위주로 스윙이 이루어지며, 일반적으로 훅이 많이 발생한다.

올바른 스탠스 취하는 방법

클럽을 어깨에 대고 넓이를 측정한다. (맨 위 그림)
클럽을 바닥에 내려놓고 측정한 어깨 넓이만큼 두 개의 공으로 표시한다. (중간 그림)
양발의 뒤꿈치 안쪽에 볼을 두고 스탠스를 취한다. (맨 아래 그림)
이것이 가장 알맞은 당신의 스탠스 넓이다.

셋-업 Set-up 17

타깃 라인을 확인하라

대다수의 골퍼들, 특히 핸디캡이 높은 골퍼들은 발, 엉덩이, 어깨를 타깃 라인으로 정확하게 정렬하기가 쉽지 않다. 자신은 정확하게 타깃을 향해 있다고 생각하지만 크게 빗나가거나 왼쪽을 향해 있는 경우가 많다.

어드레스 시 클럽 헤드는 손으로 조절하여 타깃을 향해 스퀘어를 맞출 수 있지만, 스윙은 팔이 어깨 라인을 따라 감으로써 이루어지므로 어깨와 엉덩이는 타깃과 평행하게 하는 것이 필수적이다.

타깃 라인과 평행하도록 정확하게 자세를 취했는지, 아니면 왼쪽을 향해 어깨가 열려 있는지, 또는 오른쪽을 향해 닫혀 있는지 확인하는 간단한 방법을 알아본다.

클럽으로 타깃 방향 확인하기

몸이 어디로 향하는지를 간단하게 알아보려면 어드레스 자세를 유지하고 양쪽 어깨에 클럽을 대 본다. 왼쪽(위 그림), 오른쪽(아래 왼쪽 그림), 스퀘어(아래 오른쪽 그림)를 알 수 있다.

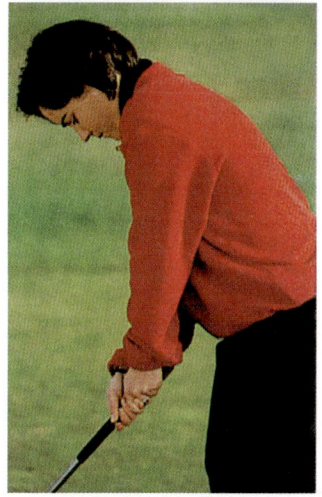

아래를 내려다보기

어드레스 할 때 아래를 내려다보는 것도 중요하다. 당신의 오른팔이 왼쪽보다 몸에서 더 떨어져 있으면 당신은 왼쪽을 겨냥하고 있다(왼쪽 위 그림). 왼팔이 오른쪽보다 몸에서 더 떨어져 있으면 당신은 오른쪽을 겨냥하고 있다(왼쪽 가운데 그림). 양쪽 팔이 몸에서 같은 거리에 있으면 올바르게 타깃을 향하고 있는 것이다(오른쪽).

뒤쪽에서 서서 봤을 때, 당신이 타깃의 왼쪽을 겨냥하게 되면 당신 바로 뒤에 서 있는 동반자는 당신의 팔뚝을 보지 못하게 된다. 당신이 오른쪽으로 조준하고 있으면 왼쪽 팔의 안쪽을 모두 바라볼 수 있다. 타깃 라인에 정확히 정렬되어 있는 경우에는 왼쪽 팔꿈치 안쪽의 끝부분만 보인다.

스윙 Swing

정확한 궤도상의 스윙

스윙에 문제가 있는 대부분의 골퍼들이 백스윙 단계의 절반이 진행되기도 전에 이미 스윙이 흐트러진다. 일단 셋-업 단계가 정립되었다면, 정확하게 백스윙을 시작하여 테이크-어웨이* 하는 것이 필요하다.

클럽 헤드, 손, 팔, 엉덩이, 가슴이 함께 회전을 시작하여 가슴이 오른쪽 무릎 안쪽 위에 위치하도록 한다. 오른쪽 다리는 어드레스 할 때와 같은 자세로 고정되어 있고 척추의 각도 역시 변함없다. 테이크-어웨이를 하면서 올바른 궤도에 있는지 알게 해준다. 백스윙을 하는 동안 클럽이 땅과 평행이 되는 순간 클럽은 거의 일직선이 되어야만 한다.

핸디캡이 높은 골퍼들은 손과 팔에 지나치게 힘을 주고, 클럽 헤드를 타깃 라인 안쪽으로 가져간다. 그렇게 되면 임팩트 순간 클럽 헤드의 아웃-인 스윙 궤도를 유발해 슬라이스의 원인이 된다.

핸디캡이 높은 골퍼들의 대부분 스윙을 할 때 클럽 헤드를 지나치게 타깃 라인 안쪽으로 보낸다. 이는 여러 가지 문제를 유발하는데, 주로 슬라이스를 나게 한다.

* **테이크-어웨이 Take-away :** 어드레스에서 시작하는 백스윙의 초기 동작. 테이크 백(Take back) - 역주

일단 올바른 셋-업이 정립되면 가슴이 오른쪽 무릎 안쪽을 향할 수 있도록 클럽 헤드, 손, 팔, 엉덩이 그리고 가슴을 모두 함께 움직여라(아래 그림).

초급자

정확한 임팩트 자세를 찾아라

당신이 아직 100타를 깨지 못했다면, 임팩트 시 클럽 헤드가 공을 완벽하게 지나지 못하는 것이다. 모든 것들이 정확하다면 클럽페이스가 적당한 속도와 정확한 각도로 타깃 라인 위를 지나는 샷을 할 수 있을 것이다.

이 모든 것들은 순간적으로 이루어지기 때문에 초보자들이나 핸디캡이 높은 골퍼들이 이 중요한 부분을 어떻게 해야 될지 이해하기가 쉽지 않다. 가장 좋은 방법은 제한된 스윙 동작으로 연습을 하며 정확한 임팩트 자세를 찾는 것이다.

정확한 임팩트 자세에서 시작하라.

피니시가 좋은 균형을 이룰 것이다.

임팩트 순간
손이 공보다 뒤에 있다면
좋은 스코어를 낼 수 없다.

임팩트 순간
손이 공보다 뒤에 있을 때의
피니시 자세

초급자

완벽한 임팩트 자세를 만드는 연습을 하라

손은 클럽 헤드보다 앞쪽에 있어야 하고 엉덩이와 무릎은 20도 정도 타깃의 왼쪽을 향해 있어야 한다. 그리고 어깨 라인은 타깃 라인과 평행이 되게 하라. 오른발 뒤꿈치는 땅에서 살짝 들려 있고 오른쪽 무릎은 볼을 향하게 하라. 전체적인 무게 중심은 왼쪽 다리에 있는 느낌이어야 한다.

허리 높이의 스윙 연습을 해 본다. 백스윙을 한 뒤 임팩트를 지나 클럽은 타깃을 향하게 한다. 몸을 회전함과 동시에 무게 중심의 이동을 느낄 수 있다. 연습을 반복하다 보면 임팩트가 더욱 나아지는 것을 느낄 수 있을 것이다.

스윙의 연결 상태를 유지하라

'어니 엘스(Ernie Els)의 스윙은 유기적으로 잘 연결되어 있습니다'.라고 골프 해설자들은 말한다. 좋은 표현 같기는 한데 도대체 어떤 의미일까?

골프에서의 '유기적인 연결'이라는 말은 스윙을 하는 동안 몸과 팔이 연결되어 움직이는 것을 말한다. 몸이 회전하는 동안 팔은 스윙을 하며 이상적인 조화를 이루어 함께 움직이는 것이다. 이것은 클럽이 궤도 위에서 정확하게 위아래로 움직이는, 간단하면서도 가장 좋은 샷을 말한다. 그런데 팔이 스윙하는 것보다 몸의 회전이 더 많거나, 반대로 몸의 회전보다 팔의 움직임이 더 많다면 문제가 된다.

몸과 팔의 움직임이 어떻게 결합되는지 알아보자. 논리적으로 보면 이 문제의 해결책은 몸과 팔을 연결하는 어깨에 있다. 여기에서 조언하는 대로 연습하고 당신의 스윙이 조금 더 유기적으로 움직이는지 확인한다.

연결의 비결 1 : 왼쪽 어깨로 스윙을 시작하라

왼쪽 어깨의 시작

모든 움직임을 단번에 시작한다면 연결된 스윙을 하기엔 아직 멀었다. 연결된 백스윙이 어떤 느낌인지 즉시 파악하고 싶다면, 왼손으로만 클럽을 쥐고 오른손으로는 왼쪽 어깨를 움켜쥐어라(왼쪽 위 그림). 왼쪽 어깨로 클럽을 볼에서 멀리 떨어뜨리며 백스윙을 시작하라. 왼쪽 어깨로 스윙이 시작됨을 기억하면서 왼팔과 클럽 샤프트의 자세를 유지하라. 이렇게 함으로써 손과 팔이 몸보다 먼저 움직이는 것을 막을 수 있다. 또한 몸이 한꺼번에 움직이는 것도 막을 수 있을 것이다. 조화로운 백스윙은 올바른 궤도로 지나는 스윙이 되도록 도와 줄 것이며, 클럽 샤프트는 그라운드에 평행할 때 좀 더 타깃 라인 위에 놓이게 된다(왼쪽 아래 그림).

연결의 비결 2 : 왼쪽 어깨가 턱 아래 위치한다

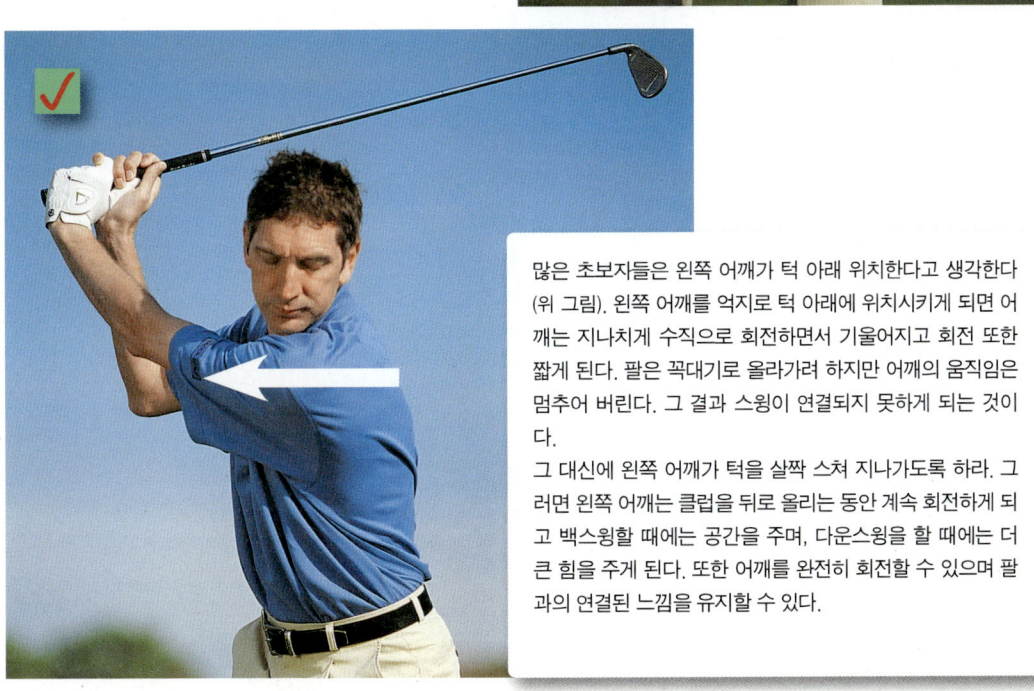

많은 초보자들은 왼쪽 어깨가 턱 아래 위치한다고 생각한다(위 그림). 왼쪽 어깨를 억지로 턱 아래에 위치시키게 되면 어깨는 지나치게 수직으로 회전하면서 기울어지고 회전 또한 짧게 된다. 팔은 꼭대기로 올라가려 하지만 어깨의 움직임은 멈추어 버린다. 그 결과 스윙이 연결되지 못하게 되는 것이다.

그 대신에 왼쪽 어깨가 턱을 살짝 스쳐 지나가도록 하라. 그러면 왼쪽 어깨는 클럽을 뒤로 올리는 동안 계속 회전하게 되고 백스윙할 때에는 공간을 주며, 다운스윙을 할 때에는 더 큰 힘을 주게 된다. 또한 어깨를 완전히 회전할 수 있으며 팔과의 연결된 느낌을 유지할 수 있다.

중급자

일관된 스윙 궤도를 만든다

스윙 궤도가 일관되지 않으면 80대의 스코어를 만들기가 쉽지 않다.

임팩트 시 일반적으로 나타나는 문제는 아웃-인 궤도로 인해 클럽페이스가 열림으로써 슬라이스가 나는 것이다. 그런데 몇몇 골퍼들은 불완전한 자세로 인해 스윙 궤도에 문제가 생긴다.

볼은 지면에 정지해 있고 몸을 숙여 정확하게 볼을 쳐내야 한다. 이때 척추 각도가 지나치게 낮아졌거나, 반대로 지나치게 서 있다면 정확한 스윙 궤도를 만들 수 없을 것이다. 척추의 각도를 올바르게 만들고, 스윙하는 동안 각도를 유지하는 연습법을 알아보자.

정확한 자세와 척추 각도를 만들기 위해서 모든 클럽을 이용하여 이 두 가지 단계의 연습을 통해 자세를 잡는다.

정확하게 그립을 잡고, 샤프트가 지면과 평행하도록 클럽을 몸 앞으로 들어올리고 등은 똑바로 세운다. 발등이 보이지 않을 정도로 자연스럽게 무릎을 구부린다.

등을 똑바로 편 상태에서 클럽 헤드가 지면에 닿을 때까지 자연스럽게 허리를 앞으로 굽힌다. 팔과 몸이 그대로 유지된 상태에서 움직여서는 안 된다. 팔과 클럽 샤프트의 각도는 처음처럼 유지해야 한다.

자세를 유지하라

정확한 척추의 각도를 만드는 것이 중요하다. 또한 척추의 각도는 스윙하는 내내 정확하게 유지되어야 스윙 궤도를 향상시킬 수 있다. 가슴 높이까지 백스윙과 폴로-스윙을 하면서 척추의 각도가 그대로 유지되는지 점검한다.

드라이버

전형적인 드라이버의 길이는 45인치로, 골프백 속의 클럽 중에서 가장 길다. 앞의 연습 단계(26쪽 참조)에서 배웠듯이 어드레스 자세에서 척추 각도가 정확할 때, 모든 클럽 중에서 가장 먼저 지면에 닿는 것은 드라이버다. 즉 드라이버는 몸을 앞으로 많이 숙일 필요가 없다는 것이다. 드라이버 어드레스에서는 척추 각도가 약간 서 있어야 한다. 가슴 높이까지 백스윙하여 척추를 중심으로 회전하는 느낌을 갖는다(삽입 그림 위). 스윙하는 동안 몸은 일어나려 할 것이니 주의한다. 폴로-스윙 시 가슴 앞에 손이 위치할 때까지 척추의 각도를 유지하도록 한다(삽입 그림 아래).

9번 아이언

드라이버보다 상대적으로 짧은 9번 아이언의 어드레스에서는 클럽 헤드가 지면에 닿을 때까지 허리를 좀 더 숙여야 정확한 척추 각도가 이루어진다. 즉 이 연습의 중요한 목표는 백스윙을 하는 동안 척추의 각도가 변하지 않고 유지되어야 한다는 것이다(위 작은 삽입 그림). 척추 각도를 유지하는 습관을 들인다면 당신은 좀 더 정확하고 향상된 백스윙 궤도를 익힐 수 있을 것이다. 역시 폴로-스윙 시에도 척추의 각도를 유지한다. 9번 아이언의 스윙은 클럽이 지면에서 수직인 업라이트한 느낌이다. 이것은 척추 각도의 영향으로 자연스러운 스윙 궤도이다.

초급자
중급자

무릎 고정을 조심하라

초보 및 중급 수준의 골퍼들에게서 가장 일반적으로 나타나는 실수는 백스윙과 탑스윙 때 오른쪽 무릎을 펴거나 고정하려는 것이다. 무릎을 고정하려다 보면 플랫한 백스윙과 오버 탑스윙 동작을 유발하게 된다. 이는 잘못된 회전과 스윙 파워 부족 그리고 슬라이스로 이어지게 된다.

몸의 꼬임 동작이 정확하면 스윙 궤도의 방향이 정확해지고 장타를 이룰 수 있다. 스윙하는 동안 어드레스 시의 오른쪽 무릎의 각도를 그대로 유지하고, 오른발 안쪽에 체중을 이동시켜 주어야 한다.

정확한 궤도 위의 탑스윙

연습 방법

만족스러운 동작을 위한 최고의 연습 방법은 오른발 안쪽에 집중하고 탑스윙까지 유지하는 것이다(왼쪽 그림). 당신은 무릎에 가해지는 압박감과, 상체와 하체의 꼬임 동작으로 인해 백스윙이 강화된 느낌을 받을 것이다. 이는 견고한 스윙을 하는 데 도움을 준다.

강력한 회전 동작의 준비

세계적인 프로들의 스윙 자세

최근 세계 랭킹 70위 안에 드는 프로 골퍼들의 스윙 자세를 조사했더니 드라이버부터 웨지까지 가장 효과적으로 적용되는 세 가지 요소들이 나타났다.
프로들의 스윙을 따라하며 강화된 동작으로 스윙을 발전시키는 방법을 알아보자.

우드

프로의 비밀 1 : 뒤쪽으로 기운다 프로들의 자세를 보면 어드레스에서 상체가 약간 뒤쪽(오른손잡이는 오른쪽)으로 기울어져 있는 것을 볼 수 있을 것이다(위 그림). 오른손잡이 골퍼의 경우 왼쪽 어깨가 올라가고 오른쪽 어깨가 내려간 모습이다. 이는 두 가지 장점이 있다.

- 탑스윙에서 왼쪽 어깨와 무릎의 회전 차이를 증가시킨다(아래 그림). 이 회전의 차이는 더 큰 몸의 꼬임 동작으로, 파워를 만들어 준다.
- 오른쪽 어깨가 내려가는 것은 여분의 체중을 오른발 쪽으로 이동시키는 것을 도와준다. 백스윙에서는 체중 이동은 매우 중요하며, 이는 스윙 스피드를 올리는 데 도움을 준다.

프로의 비밀 2 : 오른발을 스퀘어로, 왼발은 열어 준다

대부분의 세계적인 골퍼들은 타깃 라인에서 오른발을 스퀘어로 하며, 왼발은 1/4 정도 열어 준다. 이것은 두 가지의 연쇄 효과를 가져다준다.

- 열린 왼쪽 발은 스윙을 하는 동안 팔이 지나갈 수 있는 여유를 주어 폴로-스윙을 편안하게 도와준다. 몸이 팔의 동작을 방해할 경우 손으로만 공을 때리게 되므로 이는 스윙에서 매우 중요한 부분이다.
- 스퀘어로 된 오른쪽 발은 스윙하는 동안 오른쪽 무릎과 엉덩이를 강화하는 데 도움을 준다. 이것은 백스윙 시 몸의 회전을 견디게 하여 강력한 회전력을 만들어 준다.

프로의 비밀 3 : 오른손등의 관절은 볼의 뒷부분에 위치해야 한다

이러한 손의 위치는 클럽 헤드의 뒤로 오게 하는 데 효과적이다. 클럽 샤프트가 약간 뒤로 기운 것을 볼 수 있다. 이는 몸통이 볼의 뒤쪽에 있도록 하여 클럽페이스의 로프트를 조금 더 키워 주고, 이상적인 드라이버 샷을 도와준다.

- 볼 뒤에 손이 오게 함으로써 임팩트를 통해 완벽하게 쓸어 버리는 동작을 하게 도와줄 것이다. 상향 타격으로 임팩트하게 되어 높은 탄도를 만들어 낸다.

아이언

프로의 비밀 1 : 척추는 수직으로 여전히 오른쪽 어깨는 왼쪽보다 약간 아래에 위치한다. 이것은 척추의 기울기에 상관 없이 그립을 잡을 때 오른손이 왼손보다 아래에 있기 때문이다. 아이언이 짧아질수록 기울기는 좀더 수직에 가까워진다.

프로의 비밀 2 : 손은 앞으로 대부분의 프로들이 웨지를 사용할 때 그립을 잡은 오른손이 공보다 왼쪽에 있는 것을 볼 수 있다(볼의 위치는 일반적으로 왼발 안쪽에서 스탠스의 중앙으로 이동해 놓는다).

똑바로 선 척추는 볼을 다운 블로*로 칠 수 있도록 도와준다

*다운 블로 Down Blow : 디센딩 블로. 다운스윙에서 클럽 헤드의 중심이 최저점에 이르기 전에 볼을 임팩트하는 타법 - 역주

손이 볼보다 왼쪽에 위치하는 것은 다운 블로와 백스핀을 주는 데 도움을 준다.

왼발은 우드 샷을 할 때와 마찬가지로 오픈되어 있다. 아이언 역시 정확한 폴로 동작이 필요하다.

프로의 비밀 3 : 하체의 불변

스탠스의 변화는 필요하지 않지만 백스윙할 때의 체중의 지탱과 폴로-스윙에서의 체중을 잡아주는 역할은 여전히 필요하다. 이러한 체중 이동은 강력한 다운블로 샷을 만들어 내게 하고, 볼과 잔디 사이를 정확하게 타격해 백스핀을 만드는 데 도움을 준다.

초급자

정확한 임팩트를 상상하라

임팩트 기술을 향상시키기 원한다면, 먼저 각각의 클럽들이 어떻게 작용되는지 이해해야 한다. 각 클럽들은 저마다 다른 페이스의 로프트*를 지니고 있어서 공을 임팩트하는 법도 다르다.

낮은 로프트의 3번 우드는 볼을 띄우는 데 있어 로프트가 큰 웨지와는 다른 접근이 필요하다. 기술적인 면은 배제하고, 각각의 클럽으로 다른 크기의 공을 치는 방법과 올바른 임팩트 각도를 만드는 방법을 알아 보자.

3번 우드

3번 우드는 클럽페이스의 낮은 로프트(평균적으로 약 15도)로 먼 비거리를 만들어 낸다. 이는 공을 띄우기 위해서는 쓸어 치는 듯한 임팩트가 필요하다는 것이다. 3번 우드로 축구공을 때려 울타리를 넘긴다고 상상해 보자. 어떻게 하겠는가? 유일한 방법은 볼을 왼발 앞에 두고 공을 쓸어 버리는 것이다. 3번 우드로 스윙해 본다(삽입 그림). 볼이 티 위에 올려져 있다면 도움을 줄 것이다. 임팩트를 지날 때까지 머리와 몸을 공 뒤쪽(오른쪽)에 있도록 유지해야 한다.

* **로프트 Loft** : 클럽페이스가 샤프트의 중심으로부터 눕혀진 정도의 각 - 역주

웨지

5번 아이언

웨지는 높은 탄도로 정확하게 볼을 보낼 수 있도록 만들어 졌다(52도의 로프트). 볼을 띄우는 것이 문제가 아니다. 우선 중요한 것은 정확한 임팩트를 하는 데 있다. 클럽으로 구슬을 띄운다고 상상해 본다. 구슬을 쓸어 칠 수는 없을 것이다. 물 위에서 내리쳐 첨벙거리듯 구슬을 아래로 내리친다(삽입 그림). 공은 스탠스 중앙에서 약간 오른쪽에 놓고, 손과 몸은 왼쪽에 둔다. 이 두 가지는 볼을 띄우는 데 있어 필요한 다운 블로 스윙에 도움을 준다.

28도의 클럽페이스 로프트를 이용할 필요가 있다. 가장 이상적인 타격은 3번우드의 쓸어 치며 상향 타격하는 것과 웨지 샷에 맞는 하향 타격의 사이에 있다. 5번 아이언을 이용해 테니스 공을 친다고 생각해 보자. 이는 미들아이언이나 로프트가 큰 페어웨이 우드에 필요한 평평한 타격에 이상적이다. 스탠스 중앙과 왼쪽 뒤꿈치의 중간에 볼을 위치시키고(삽입 그림), 임팩트 시 머리와 몸은 볼 앞에 위치하도록 한다.

좋은 타격을 위한 균형 있는 스윙

균형은 제어 능력과 볼을 정확하게 치기 위한 매우 중요한 요소이다. 많은 골퍼들이 머리를 고정하는 것이 균형을 유지할 수 있는 가장 좋은 방법이라고 생각하지만 사실은 다르다. 균형 있는 스윙을 하려면 백스윙에서 폴로-스윙까지의 클럽 회전력을 통해 체중 이동이 원만하게 이루어져야 한다. 그리고 당신의 머리는 정교한 체중 이동과 조화를 이루어 움직여야 한다.

균형 있는 스윙을 위해 다음 세 가지를 피하도록 한다.

균형 에러 1 : 발뒤꿈치로의 체중 이동

많은 골퍼들은 어드레스 시 무릎을 지나치게 구부린다. 이것은 발뒤꿈치 쪽으로 체중을 이동하게 한다. 이는 움직임에 제한을 줄 뿐만 아니라 백스윙을 하기도 전에 균형을 잃었다는 의미다. 위의 작은 삽은 그림의 문제점을 알아보겠는가? 뒤꿈치 쪽에 체중을 싣게 되면 매우 플랫한 스윙*을 하게 되며 클럽은 등 뒤에서 움직이게 된다. 이렇게 백스윙 시 클럽을 지나치게 뒤쪽으로 당기게 되면 탑스윙 자세에서 클럽을 들어 올리게 되며, 다운스윙 시 아웃-인 궤도를 그릴 것이다. 슬라이스가 나기 쉽다.

*플랫 스윙 flat swing : 스윙 시 샤프트의 움직임과 위치가 정상적인 궤도보다 지면에 가까이 평평한 것 - 역주

해결책 1 : 무게 중심을 중간에 둔다

발의 무게 중심이 볼 쪽으로 이동하는 것을 느낄 때까지 앞으로 기울인다. 이는 균형을 유지하면서 스윙을 시작할 수 있게 한다. 체중을 앞으로 이동함으로써 정확한 궤도의 백스윙을 할 수 있게 도와준다 (오른쪽 삽입 그림). 체중 이동이 발의 중간 부분에서 이루어질 때, 그립의 끝 부분이 타깃 라인을 가리키게 되고 정확한 스윙이 이루어진다.

균형 에러 2 : 백스윙 시 머리 고정

만약 당신이 백스윙을 하는 동안 머리를 고정시키려고 한다면 스스로 체중 이동을 방해하는 것이다 (큰 그림). 이것은 무게 중심과 스윙의 부조화를 야기시켜 과장되고 어색한 백스윙과 무력한 탑스윙을 만든다.

해결책 2 : 머리를 약간 움직여라

백스윙 시 머리를 오른쪽으로(오른손잡이 골퍼의 경우) 이동시킨다. 어드레스 시 코의 위치로 백스윙 할 때 왼쪽 귀가 오도록 머리를 반 정도 이동한다(작은 그림). 체중 이동을 하려고 머리를 과도하게 움직일 필요는 없다.

균형 에러 3 : 폴로-스윙 후 머리의 고정

폴로-스윙을 할 때 머리를 고정하려는 잘못된 레슨은 체중을 다시 오른발로 돌아가게 한다. 폴로-스윙의 가속을 타깃 방향으로 가도록 하고 왼발 위에 체중을 싣는다.

해결책 3 : 머리를 이동하라

폴로-스윙 시 머리가 타깃을 향해 움직이도록 한다. 피니시 때 체중이 왼발 쪽으로 확실히 이동하도록 한다.

균형 훈련

클럽을 겨드랑이 사이에 두고 그림과 같이 양손으로 클럽 샤프트를 잡는다. 몸은 샤프트 끝이 오른쪽 발을 가리킬 때까지 백스윙하듯 회전한다. 그 다음 클럽 헤드 부분이 왼쪽 발을 가리킬 때까지 폴로-스윙하듯 회전한다. 이 연습은 당신이 스윙하는 동안 어떤 느낌으로 체중이 이동되는지 알게 해 줄 것이다.

드라이빙 Driving

티샷의 긴장감 해결

오른쪽의 큰 그림을 보라. 무엇이 신경 쓰이는가? 멀리 보이는 집들인가? 핀을 직접 보고 있는가? 아니면 그린 왼쪽의 거대한 오렌지 빛 절벽을 신경쓰고 있는가?

문제는 당신의 시선을 사로잡는 것들이다. 그것들을 보기 시작하면 최면에 걸린 듯 자신이 해야 할 것들을 잊어버리고 만다. '위험 지역으로 보내지 않을 것이다.'라고 생각하더라도 여전히 그 지점들은 피하는 샷만을 하려 할 것이다.

첫 번째 해야 일은 샷을 점검하듯 무엇을 봐야 되는지 스스로 컨트롤하는 것이다. 다음의 과정을 통해 좀 더 자신 있게 스윙하여 좋은 결과를 갖도록 한다.

성공적인 샷을 기억하라

예전의 성공적인 샷을 머릿속에 떠올린다. 프로 선수가 샷을 한 뒤 클럽을 손으로 빙글빙글 돌리는 행동을 하는 것처럼 특별한 행동을 함으로써 좋은 샷의 느낌을 기억해 둔다. 이러한 방법은 압박감이 큰 상황에서 좋은 기억들을 불러낼 수 있게끔 한다.

부드럽게 시작한다

골프 스윙은 연쇄적인 상호 작용이다. 스윙을 균형 있게 제어하며 시작한다면, 유기적인 스윙 패턴을 만들 수 있다. 적절한 속도로 백스윙을 시작하라. 갑자기 빠르게 시작한다면 문제는 반드시 발생한다. 부드럽게 스윙을 시작하라. 가장 중요한 것은 조준한 타깃에 집중하는 것이다.

스윙에 대해 생각을 너무 많이 하면 무엇을 해야 하는지 중요한 것을 잊을 수가 있다.

볼을 어디로 보낼 것인가

클럽을 선택하기 전에 볼을 보낼 안전한 지점을 생각해야 한다. 이 지점은 당신에게 자신감을 줄 수 있을 정도로 여유로운 공간이어야 한다. 당신이 목표로 한 지점을 놓치더라도 볼은 다음 샷을 위한 기회의 지점으로 날아가게 된다. 트러블을 피하고 싶다면 스윙에 자신감을 주고 집중할 수 있게 하는 확률 높은 지점을 타깃으로 설정하라. 목표 지점을 정했다면 공이 그곳에 떨어지는 상상을 하라. 마지막으로 자신의 스윙을 머릿속에 그린다.

해변은 매우 아름답지만 그곳에 신경을 쓴다면 공은 바다로 날아가게 될 것이다.

많은 해저드와 절벽은 신경쓰지 않도록 한다.

넉넉하게 클럽을 선택하라

평소 거리에 따라 클럽을 선택하게 된다면, 안정된 타깃 지점으로 완벽하게 보내야 한다는 압박감을 느낄 것이다. 한 클럽 정도 길게 선택하여 안전한 샷을 하도록 한다. 한 클럽 길게 선택한다면 극단적인 풀 스윙을 할 필요 없이 자신의 스윙을 컨트롤할 수 있을 것이다. 압박감을 느끼고 있을 때 이 점은 매우 중요하다.

숨고르기

샷에 대한 불안감은 호흡을 얕고 빠르게 만든다. 격한 운동에는 도움이 될지 모르지만 골프는 침착하고 안정된 호흡이 필요하다. 숨을 고르기 위한 좋은 방법으로 숨을 들이쉬어 배를 불룩하게 한다. 호흡을 차분하게 만들어 줄 것이다.

파워에 대한 잘못된 조언은 잊어버린다

골프를 배우는 대부분의 사람들은 처음부터 수많은 조언을 받는다. 골프 실력을 향상시키는 데 있어 가장 까다로운 것 가운데 하나는 무수한 조언들 중 어느 것이 도움이 되고 어느 것이 피해야 할 것인지 파악하는 것이다. 불행하게도 '머리를 계속 고정하라.', '클럽을 조절하라.'와 같은 과장된 명언들에 빠져 버리는 경우가 많다. 심지어 '턴(turn)'이라는 단어는 젖은 비스킷처럼 흐느적거리는 동작을 만들기도 한다. 파워를 줄어들게 하는 조언은 피해야 한다. 각각의 조언대로 회전해 보고 던져 보며 연습하여 익히도록 한다.

파워의 오류 1 : 그립을 제대로 잡는다

올바른 그립은 필수다. 그런데 많은 사람들이 그립을 손바닥으로 잡을 때 클럽을 다루기 쉽다고 생각한다. 두 개의 볼을 페어웨이로 던지려고 해 보자. 볼 하나는 손바닥으로 잡는다(삽입 그림). 손바닥으로 잡은 그립이 당신의 손목을 고정시키는 것처럼 볼을 멀리 던질 수 없다는 걸 알게 될 것이다.

해결책 1 : 두 번째 볼을 손가락으로 잡고 던져 본다

손목을 앞뒤로 움직이기가 자유로울 것이다(삽입 그림). 볼을 강하게 낚아채어 던질 수 있게 한다. 이처럼 그립은 손가락으로 잡는다. 이제 당신의 손목 움직임은 샷의 거리를 늘려 주는 지렛대가 될 것이다.

파워의 오류 2 : 머리의 움직임

'머리를 계속 고정시켜라.'라는 말을 자주 듣곤 한다. 이 논리는 정지된 머리가 볼을 정확하게 타격하도록 도와준다는 것이다.

어떠한 파워든 체중 이동을 통해 진행된다. 골프에서의 이 의미는 백스윙에서 오른발 쪽으로 이동했다가 임팩트 시 왼쪽 발로 이동하여 강력한 샷을 하게 된다는 것이다. 그런데 머리가 체중 이동과 반대로 그대로 멈춰 있다면 백스윙 시 체중이 중앙이나 왼쪽으로 실리게 되어 힘없는 자세를 만들게 될 것이다.

해결책 2 :

백스윙을 따라 머리를 오른쪽으로 이동시킨다. 오른발 쪽으로 체중이 이동하는 것을 느낄 것이다. 오른쪽 무릎 위로 머리가 이동되는 것이 잘못된 것이 아니다. 여기서부터는 볼을 타격하는 데만 집중하여 다운스윙한다.

파워의 오류 3 : 강력한 회전

스윙을 시작하면서 클럽을 안쪽 궤도로 회전하라는 조언은 매우 흔하다. 그런데 이렇게 하면 오른발 뒤꿈치를 지나 클럽 헤드를 지나치게 몸 뒤쪽으로 보내게 되어 좁은 아크의 스윙과 무기력한 자세를 유발한다. 스윙은 조화를 잃어버리고 몸의 회전력이 팔의 스윙을 억누르게 되어 클럽 헤드는 몸 뒤쪽에서 정체된다. 이는 지나친 오버 탑스윙으로 슬라이스를 유발한다.

해결책 3 :

테이크 백을 할 때 클럽은 회전하는 몸의 앞쪽에 있다고 느낀다. 다음과 같은 효과를 준다.
- 팔의 스윙과 몸의 회전에 보다 나은 조화
- 정확한 테이크어웨이 궤도로 만들어 정확하게 타격하도록 다운스윙을 돕는다.

파워를 내기 위한 올바른 자세

세계적인 프로들은 별로 힘들이지 않는데도 굉장한 거리로 볼을 날린다. 이는 보기에는 멋지지만 한편으로는 좌절감을 안겨 주기도 한다. 일반 골퍼들이 따라해 보지만, 힘들이지 않고 파워를 만들어 내기란 쉽지 않다. 이를 만들어 내려면 몸의 각도와 자세에 신경을 써야 한다. 자세를 통해 몸을 팽팽하고 단단하게 해 줄 수 있으며, 백스윙에서 몸을 확실하게 꼬아 속도감 있는 다운스윙으로 내려오게 하여 프로들의 스윙 파워처럼 될 수 있게끔 도와준다. 준비 동작에서 어떻게 정확한 몸의 자세와 척추 각도를 만드는지 알아본다.

무기력한 준비 자세

이 구부러진 자세는 엉성하면서도 탄탄하지 못하다(아래 큰 그림). 구부러진 등은 좋은 회전 동작을 만들기 매우 어렵게 한다. 삽입 그림 속의 자세는 구부린 자세에서 나오는, 당신이 할 수 있는 가장 나은 자세이다. 이런 자세로는 다운스윙 시 어떠한 회전력과 파워도 만들 수가 없다.

파워풀한 준비 자세

첫번째로 주목해야 할 점은 곧게 편 척추다. 백스윙을 더 크게 할 수 있을 뿐만 아니라, 부상을 초래할 가능성도 적다. 또한 똑바로 상체를 꼿꼿이 편 상태와 같이 허리 부분에 작은 곡선을 만들도록 유념한다. 안정적인 하체 위에서 상체를 파워풀하게 감아 주는 백스윙을 만들 수 있을 것이다(삽입 그림).

원을 그리며 연습하라

당신의 가장 강력한 스윙 움직임은 몸을 중심으로 완전하고 넓게 원을 그리는 스윙을 하는 것이다. 이러한 움직임은 볼 위에 구부린 상태로는 만들어 내기 쉽지 않다(왼쪽 위, 왼쪽 아래, 아래 큰 그림). 원을 그리며 연습하는 것은 곧게 선 상태에서부터 일반적인 어드레스 자세까지 큰 원형의 스윙을 그리도록 도와준다.

상체를 곧게 펴고 어깨 높이에 클럽 헤드를 휘두른다. 클럽 헤드가 어깨를 감싸며 완벽한 원을 그릴 수 있도록 연습한다.

폴로스루에서 클럽이 무릎 높이에 올 때까지 허리를 구부리고 등이 펴져 있도록 유지한다. 위의 연습 때와 마찬가지로 클럽이 완벽한 원을 그리는 느낌으로 스윙한다.

임팩트를 지날 때까지 허리를 구부리고 등을 곧게 편다. 한 번 더 완벽한 스윙의 원을 그린다. 상체를 세워 원을 그리며 연습하는 것은 샷을 할 때 넓은 스윙 아크를 유지하는 데 도움을 줄 것이다.

초급자
중급자

바람 아래로 샷을 하라

대부분의 핸디캡이 높은 골퍼들은 슬라이스 구질로 샷을 한다.
만약 초보자들의 스윙 습관들이 왼쪽에서 오른쪽으로 부는 바람과 만난다면, '볼은 티에서 오른쪽 트러블 지역으로 날아간다.'에 돈을 걸어도 될 것이다. 다음의 세 가지 방법은 복잡한 스윙의 교정 없이 볼을 페어웨이 정확히 보낼 수 있을 것이다.

볼을 바람 아래로 낮게 보내기 위해서는 일반적인 티보다 조금 낮게 티를 꽂아 볼이 낮은 탄도로 날아갈 수 있게 한다. 그리고 정확하고 부드러운 스윙을 하는 데에만 집중한다.

낮은 티   일반적인 티

샷을 하기 전, 티잉 그라운드의 가능한 한 가장 오른쪽에 티를 꽂는다. 바람의 영향으로 볼이 왼쪽에서 오른쪽으로 날아가는 미스 샷을 줄일 수 있다.

바람의 방향

어드레스 시 아래로 그립을 보았을 때, 왼손가락 관절이 적어도 세 개는 보여야 한다. 그 결과로 임팩트 시 클럽 페이스를 조금 더 닫을 수 있으며, 볼을 왼쪽으로 낮게 샷을 할 수 있다.

중급자

비거리 향상을 위한 하체 이용

1단계 : 어드레스 시 무릎을 넓게 하라

어드레스 시 양 무릎을 일직선이 되는 느낌으로 넓게 벌린다. 하체 아랫부분을 고정하고 상체를 뒤쪽으로 힘 있게 감아 줌으로써 회전력에 도움을 준다(아래 작은 그림). 어드레스 시 무릎의 간격을 넓게 함으로써 상체와 하체가 서로 저항하는 느낌을 받을 수 있고, 강하고 활력 있는 백스윙 감각을 얻게 된다.

골퍼들은 볼을 잘 치기 위해 울룩불룩한 상체와 어깨 근육의 힘을 이용하는 상체 위주의 스윙을 하게 된다. 상체로 더욱 강하게 볼을 때릴 수 있겠지만, 조절되지 못하는 파워는 불필요할 뿐이며, 하체 또한 이용할 수 없게 된다.

안정감 있는 하체의 스윙 기술은 좋은 샷의 원천이 된다. 또한 하체는 당신의 파워를 스윙에 전달하고 강화시킨다.

다음 다섯 단계의 연습은 하체를 이용하여 당신의 파워를 조절하고 상승시킨다.

2단계 : 무릎은 골프화의 끈 위에 오게 하라

당신의 무릎이 골프화 끈보다 더 앞으로 나가지 않도록 얼만큼 구부려야 하는지 확인한다(오른쪽 큰 그림). 다리 근육을 이용하여 하체를 더욱 견고하게 고정한다.

3단계 : 탑스윙에서 오른발 안쪽에 체중을 싣는다

탑스윙에서 체중은 오른발로 이동하게 된다(오른쪽 작은 그림). 특히 체중감을 오른발의 안쪽 아래까지 느낄 수 있어야 한다. 이것은 완전히 몸을 감을 수 있게 하는 버팀목이 되어 준다. 또한 다운스윙의 원동력으로서 도움을 준다.

4단계 : 오른쪽 무릎 안쪽을 이용하라

강력한 다운스윙을 위해 오른발 안쪽에 모아 두었던 힘을 이용하여 다운스윙을 한다. 타깃을 향해 오른쪽 무릎의 압박감을 풀어 준다(왼쪽 큰 그림). 이는 힘이 있는 다운스윙의 방아쇠 역할을 한다. 만약 상체로 다운스윙을 리드하게 된다면 아웃-인 궤도와 임팩트 시 공을 깎아 치게 되어 슬라이스를 유발한다.

5단계 : 피니시에서 왼발을 강력하게

스윙이 임팩트를 향해 갈수록 오른쪽 다리가 반동하고 왼쪽 다리는 곧게 펴지게 되어 강한 힘을 받치게 된다(삽입 그림). 임팩트 후 팔 동작은 자연스럽게 내버려둔다. 만약 스윙하는 동안 오른쪽 무릎이 아직 구부러져 있다면 클럽 헤드 속도를 줄이도록 한다.

트러블 지역에서 벗어나라

볼을 항상 그린 왼쪽에 있는 해저드나 트러블 지역에 빠지게 하는 골퍼들의 문제는 '훅'이나 '드로 샷'이다.
이러한 상황에 직면했을 때는 몇 가지 변화로 공을 오른쪽으로 보내는 '슬라이더*'로 문제를 해결한다.

*__슬라이더 The slider__ : 내각(외각)으로 흘러가도록 하는 구질 - 역주

정상적인 위치

정상적인 위치

정상적인 위치보다 7~8cm 정도 볼을 오른쪽으로 이동시키고 샤프트를 왼쪽으로 약간 기울게 한다. 손의 위치는 볼보다 왼쪽에 오게 하고 체중을 약간 왼발 쪽에 두도록 한다.
이것은 다운스윙의 각을 가파르게 하며 클럽페이스가 닫히지 않도록 하여 클럽 헤드로 충분한 임팩트를 할 수 있게 한다.

슬라이더

슬라이더

스루 더 그린 Through The Green

거리 제어를 위한 스윙 조절

당신의 골프 실력이 향상되는 만큼 좋은 샷과 나쁜 샷의 차이는 줄어든다. 그런데 로우핸디캐퍼(상급자)들은 종종 거리를 조절하는 데 있어서 고심을 하는 경우가 있다.

투어 프로 선수들은 스윙을 기술적으로 조절, 어프로치 샷으로 볼을 핀에 가까이 붙인다.

투어 프로들의 비결은 두 가지다. 첫 번째는 백스윙 조절을 위한 기준점을 가지고 있는 것이며, 두 번째는 볼을 치는 데 있어 힘을 조절하는 기준점을 지니고 있다는 것이다.

백스윙의 크기를 조절하고 거리를 제어하는 방법을 습득한다

많은 골퍼들은 클럽샤프트가 수평인가, 오버 스윙인가, 수평에 못 미치는가에 따라 스윙 크기의 기준점을 만들려고 고심을 한다. 하지만 당신은 결코 샤프트가 어디에 있는지 볼 수 없다. 스윙 크기는 손목을 통해서 쉽게 조절할 수 있다. 또한 당신의 왼쪽 어깨에 기준점을 둘 수 있다. 이러한 위치를 스스로 인식하도록 한다.

백스윙 시 왼쪽 어깨를 인식한 상태로 유지한다. 상체를 끝까지 회전시켜 왼쪽 어깨가 어드레스 때보다 턱 아래로 15cm 이동했음을 볼 수 있다. 이 작은 움직임이 스윙을 감지하고 조절하기 쉽게 만들어 준다. 또한 완전한 상체의 회전을 도와주고, 더욱 정확하게 백스윙을 조절하게 한다.

1-5시스템을 이용한 스윙의 조절

잘못된 거리 조절의 원인은 불규칙한 스윙 스피드에 있다. 일정하지 못한 속도 조절은 그린과 그린 앞의 함정들 사이에서 거리의 차이를 생기게 한다. 몇몇 기준을 가지고 있어야만 스윙 스피드를 조절할 수 있다. 1-5시스템을 이용하라.

1은 최대한 느리게 스윙을 한다. 익숙해질 수 있도록 몇 번의 스윙을 해 본다.

5는 볼이 어디로 날아가든지 상관 없이 균형을 유지한 채 최대한 빠른 속도로 스윙한다.

3은 두 스윙의 중간 정도를 의미한다. 이것이 가장 이상적인 스윙 스피드 기준이다.

초급자

높게
그리고
낮게 샷하기

초보자들에게 페이드 샷이나 드로 샷을 기대하기는 어려운 일이다. 그들이 정말 필요로 하는 것은 샷의 높이를 조절하는 기본적인 골프 지식이다. 특히 나무가 많은 코스에서 플레이할 때는 더욱 그러하다. 당황할 필요는 없다. 이러한 샷들을 성공시키기 위한 대부분은 복잡한 스윙 기술보다는 볼을 향한 준비 동작에 있다.

낮은 탄도의 펀치 샷*

준비 동작 그립을 낮게 잡고 볼을 중앙에서 오른발 쪽으로 위치시킨다. 무게 중심은 약간 왼발 쪽에 두도록 한다. 그립은 볼보다 왼쪽 위로 두고 낮은 로프트의 클럽을 사용한다.

*펀치 샷 punch shot : 볼의 탄도를 낮게 치는 샷 -역주

볼을 높게 띄우는 샷

준비 동작 로프트가 가장 높은 클럽을 선택한다. 대부분의 경우 샌드 웨지일 것이다. 확실하게 볼을 띄우기 위해서는 볼의 위치를 중앙에서 왼발 쪽으로 위치시키고, 오른발 쪽에 약간 더 무게 중심을 두도록 한다. 다리, 엉덩이, 어깨 모두 타깃보다 약간 왼쪽을 겨냥하고 클럽페이스를 살짝 오픈한다.

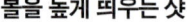

낮은 탄도의 샷

백스윙 준비 자세 때문에 자동적으로 일반적인 스윙보다 가파르고 짧은 백스윙이 된다. 힘 있고 낮은 탄도의 샷을 위해 강한 임팩트와 볼을 찍듯이 날려 보내야 한다.

낮은 탄도의 샷

피니시 스윙이 짧게 피니시되어도 걱정할 필요는 없다. 이 원인은 준비 동작으로 인한 가파르고 빠른 다운스윙 때문에 나오는 자연스러운 결과다.

높게 띄우는 샷

탑스윙 볼을 높게 띄우기 위해 평상시와 같은 충분한 백스윙을 해 주어야 한다.

높게 띄우는 샷

임팩트와 피니시 이미 로프트가 큰 클럽을 사용했다면 클럽을 믿어야 한다.
임팩트 때 클럽페이스 각을 유지하고 클럽 헤드가 지면에 가깝도록 한다. 이것은 스윙을 퍼 올리려는 유혹과 손목을 이용하여 들어 올리는 동작을 방지한다.

중급자

올바른
클럽 선택

중급자 수준의 골퍼들은 잘못된 클럽 선택으로 인해 빈번하게 파(par) 찬스를 놓치는 경우가 많다. 가장 큰 딜레마는 아이언과 페어웨이 우드 중 어느 것을 사용해야 하는지 고민하는 것이다. 대표적인 세 가지의 예를 보고 상황에 맞는 클럽을 선택해 보자.

세미 러프*의 경우

이러한 경우에는 얇게 쓸어 치는 샷을 해야 하므로 클럽 헤드의 크기와 모양, 샷의 가능성으로 보아 페어웨이 우드를 선택해야 한다. 페어웨이 우드의 로프트는 공을 띄우게 한다. 약간의 다운 블로 샷을 위해 공을 평소보다 약간 오른쪽에 둔다.

*세미 러프 Semi rough : 러프 지역에 있는, 중간 길이의 잔디 - 역주

페어웨이 위 좋지 않은 라이의 경우

볼이 페어웨이 위에 있을 때 우드는 생각하지 말라. 특히 오래된 디봇 자국 위에 볼이 있는 경우에도 그러하다(아래 그림). 평상시보다 로프트가 큰 클럽으로 내리치듯 샷을 해야 한다. 볼의 위치는 오른발 쪽에 두고 왼발 쪽으로 체중을 조금 더 집중시켜야 한다.

러프 위에 볼이 떠 있는 경우

확실하게 우드 샷을 해야 할 경우 중의 하나다. 아이언 샷을 할 경우 볼과의 정확한 접촉 없이 볼 밑으로 쉽게 빠져나가 버릴 수 있기 때문이다. 페어웨이 우드로 샷을 할 때 볼이 움직일 수 있으므로 클럽 헤드가 바닥에 닿지 않도록 매우 조심해야 한다. 공이 움직일 경우 1벌타를 받게 된다. 어드레스 시 클럽 헤드를 지면 위에 정지시키고 스윙을 시작하기 전에도 손목의 움직임에 주의한다.

초급자

러프에서는 현실적이 되라

그린으로부터 150야드 지점의 강한 러프에 공이 있다면, 그린에 올리기 위해 어떤 클럽을 선택해야 할지 생각해 본다.
아직 100타를 깨지 못한 누군가처럼 또 다른 러프에서 다음 샷을 하는 것보다는 실질적으로 보장할 수 있는 페어웨이에서 샷을 하게끔 하는 클럽이 무엇인지 스스로 선택해야 한다. 다시 말해, 손해를 줄이기 위한 현실적인 방법을 찾으라는 말이다. 이러한 경우 피칭 웨지를 선택하라.

깊은 러프가 클럽 헤드를 감싸고 있어(오른쪽 위 그림) 클럽 헤드를 닫히게 하여 임팩트 시 로프트는 줄어들게 된다. 이를 막기 위해 어드레스 시 그립을 약간 왼쪽으로 돌려 잡도록 하여 클럽페이스를 약간 오픈한다.

러프 안에서의 그립은 평상시보다 조금 더 강하게 아랫부분을 잡는다(오른쪽 아래 그림).

3

가파른 스윙을 만들고 깊은 러프에 클럽 헤드가 얽히게 되는 것을 피하기 위해 중앙과 오른발 사이로 볼을 두고 무게 중심은 왼쪽에 둔다(왼쪽 그림).

이제 몸의 정렬을 타깃보다 약간 오른쪽으로 향하게 하고(아래 왼쪽 그림) 확실한 가속의 스윙으로 임팩트한다. 폴로스루는 끝까지 할 수 있도록 집중한다(아래 오른쪽 그림). 볼은 페어웨이로 날아갈 것이다.

4

백스핀 조절을 위한 템포

칩 샷을 할 때, 배운 대로 볼은 뒤에 두고 손은 앞으로 놓아 필연적으로 볼을 하향 타격한다. 하지만 당신의 골프 실력이 향상된다면, 언제나 볼이 낮고 빠르게 밀려 나가는 이 스윙의 약점을 알아차리게 될 것이다.

당신이 70대 스코어를 만들 수 있는 가능성을 지녔다면, 칩 샷의 타격 동작에 대해 다시 한 번 생각해 보아야 한다. 당신의 기본적인 스윙 개념이 볼 아래를 치는 것이 아니라 앞으로 타격하는 것이라면 다양한 샷을 구사할 수 있을 것이다.

1단계 : 그립을 때린다

클럽의 고무 그립을 치면서 '아래로'가 아닌 '앞으로' 치는 느낌을 얻는 것이 가장 좋은 방법이다. 그립을 바닥에 두고 타깃 방향을 가리키게 한다. 그립이 어느 방향으로 갈지 머릿속에 그리며 그립 뒷부분을 앞을 향해 때린다. 아래로 타격한다면 그립은 튕겨 오르게 될 것이다. 하프 스윙으로 그립을 치는 연습을 하다 보면 어떤 각도로 때려야 그립이 앞으로 나가는지 확인할 수 있을 것이다.

2단계 : 볼의 위치를 바꾼다

뒤에 놓인 볼의 위치는 볼을 앞으로 때리기 힘들게 한다. 중앙 기준으로 오른쪽에 놓게 되면 볼을 아래로 찍어 치게 된다.

대신에 볼을 가슴 가운데에 놓는다. 클럽을 가슴에 대고 볼을 어디에 두어야 할지 확인한다.

이러한 볼의 위치는 클럽 헤드를 일정하게 유지할 수 있도록 하여 임팩트 연습에 도움을 준다.

3단계 : 클럽 헤드를 손보다 밖으로 둔다

이는 손의 움직임을 최소로 한다(왼쪽 그림). 클럽 헤드가 안쪽 라인으로 들어오지 않도록 손과 손목을 움직이지 않는다. 클럽 헤드가 볼과 타깃 지점이 만드는 선 위에 있도록 이미지를 그리면서 연습한다(가운데 그림). 몸의 회전을 따라가며 움직이도록 한다. 이는 의도적으로 손의 움직임을 줄이는 데 도움을 줄 것이다.

4단계 : 클럽페이스는 잔디를 스치며 지나간다

이는 기복 없는 스로를 만드는 데 도움을 준다. 클럽 헤드 밑부분이 임팩트 부분을 가능한 한 오래 잔디를 스치며 지나도록 연습한다.

스루 더 그린 Through The Green

간단하게 피치 샷으로 붙이기

중급자

90m 정도의 피치 샷을 할 때, 임팩트 존의 클럽 헤드 스피드가 감속되어 약한 샷이 되는 문제가 종종 나타난다.
어떻게 샷을 해야 되는지 알아보자.

준비 자세

스탠스 중앙에 볼을 놓고 왼발 쪽으로 무게 중심을 두고 그립을 가볍게 한다. 왼발과 왼쪽 발끝은 타깃 라인에서 약간 오픈한다. 전체적인 자세는 긴장되지 않도록 가볍게 한다.

스윙

다리의 자세로 인해 일반적인 스윙의 크기에 비해 4분의3 정도의 스윙 크기로 자연스럽게 제한된다. 임팩트 시 클럽 헤드가 가속을 낼 수 있도록 하고 폴로-스윙에서 가슴 면이 타깃 방향을 향하도록 어깨와 몸을 회전시키는 데 집중한다.

공격적인 짧은 피치 샷

샌드 웨지나 피칭 웨지로 하는 60~80야드 사이의 피치 샷은 아마추어 골퍼들에게는 어려운 샷이다. 왜냐하면 항상 풀 스윙을 하지 않더라도 충분히 공격적인 샷을 해야 한다는 점을 이해하기가 쉽지 않기 때문이다. 클럽 헤드의 스피드가 줄어드는 것과 관계된 조언이나 볼을 띄우는 데 도움을 주는 조언들은 볼을 그린 위나 핀에 가까이 붙이기 위해 샷의 크기를 조절하는 데에는 도움이 되지 않는다. 오히려 정반대의 결과를 초래한다.

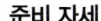

준비 자세
평상시보다 스탠스를 좁게 하고 머리와 그립의 오른쪽인 오른발과 중앙의 중간지점에 볼을 위치시킨다. 그립은 반 정도 내려 잡고 왼발쪽으로 체중을 둔다.

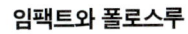

임팩트와 폴로스루
공격적인 가파른 스윙으로 임팩트하여 강한 타격과 큰 디봇을 만들어 낸다.

탑스윙
백스윙에서 충분한 손목의 코킹을 주어 볼을 타격할 때 가파른 스윙이 되게 한다. 사용할 클럽의 정확한 비거리를 이용하여 백스윙을 확실하게 한다.

칩 샷에서의 더프를 피하라

스코어 100타 정도 초보자들의 칩 샷에 있어 가장 큰 문제점은 볼 뒤의 지면을 치는 것이다. 클럽이 볼보다 먼저 지면에 닿아 천천히 움직이게 되고 공은 접착제에 달라 붙은 것처럼 움직인다.

더프*는 다음 중요한 두 가지의 잘못으로 발생한다.

첫 번째로, 공을 칠 때의 잘못된 각도이다. 초보자들은 공의 하단부를 쳐서 땅을 먼저 치지 않는다는 느낌을 받아야 한다. 준비 자세를 교정하여 이를 고칠 수 있다.

두 번째는 리듬이다. 많은 선수들이 백스윙을 크게 한 뒤, 공을 너무 세게 치지 않기 위해 속도를 늦춘다. 이러한 동작은 강한 타격을 유발한다.

다음 레슨들은 위 두 가지의 문제점을 해결하도록 돕는다.

*더프 duff : 타구 시 볼 뒤의 지면을 때리는 것 - 역주

법칙 1 : 어드레스와 임팩트의 자세를 같게 하라

공을 땅속으로 보낸다는 생각으로 공 뒷부분을 다운 블로하는 임팩트 지점을 찾는다. 클럽의 로프트 때문에 공은 자연히 위로 뜨게 될 것이다. 다음의 두 자세는 큰 이점이 있다.

- 손이 공을 먼저 지나면서 클럽페이스를 리드한다.
- 체중은 왼발 쪽에 둔다.

다음과 같이 어드레스한다.
- 손이 공보다 앞쪽(왼쪽)에 있어야 한다. 왼쪽 어깨부터 팔과 샤프트가 일직선이 되게 한다.
- 체중은 7 : 3 비율로 왼발에 더 많이 싣는다.

짧은 스윙을 위해 스탠스를 가깝게 한다. 마지막으로, 당신의 왼쪽 발을 타깃 라인에서 뒤쪽으로 빼도록 한다. 이는 임팩트 후 팔이 지나가는 공간을 만들어 준다.

법칙 2 : 백스윙 길이가 거리를 조절한다

볼을 치면서 속도를 가하면 더 깔끔하게 임팩트할 수 있다. 스윙 시의 가속은 임팩트 시 체중을 왼쪽에 두는 데 도움을 주며 볼을 하향 타격할 수 있게 한다.

10야드 - 발목 높이

✓

법칙 3 : 공을 뚫고 지나가라

클럽 헤드로 공을 밀고 지나가는 느낌을 받게 된다면 당신은 좋은 칩 샷을 더 많이 하게 될 것이다. 이것은 축구 선수가 인사이드 패스(발 안쪽으로 하는 패스)를 하는 것과 비슷하다. 다시 말하면, 클럽페이스가 스윙이 끝날 때까지 타깃을 향하게 하는 것이다(삽입 그림). 클럽페이스가 회전하여 토 부분이 하늘을 향하지 않도록 한다.

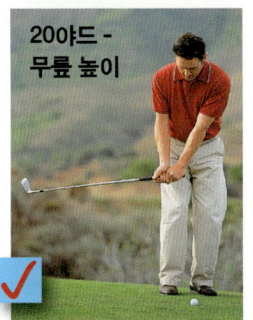

20야드 - 무릎 높이

✓

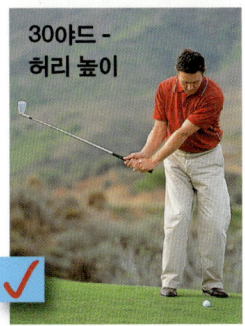

30야드 - 허리 높이

✓

✗

가속에 대한 문제는 필요한 거리보다 더 길게 백스윙을 할 때 생기게 된다. 이러한 동작은 결국 공을 너무 멀리 보내지 않기 위해 샷의 속도를 줄이게 한다. 이렇게 되면 손을 이용하는 샷이 되어 더 프나 얇은 샷이 나오게 된다. 백스윙을 짧게 하고 샷의 속도를 올린다.

초급자

스루 더 그린 Through The Green **63**

중급자

칩 샷은
한 가지로 한다

만약 그린에서 단 두 번 퍼팅으로 마칠 수 있다면 대다수의 초보자들은 놀랄 만큼의 스코어를 줄이는 경험을 할 수 있을 것이다.

이 방법은 그린 주변 프린지*에서 다양한 로프트의 클럽으로 샷을 하는 것을 그만두고 7번 또는 8번 아이언으로 퍼팅하는 듯 칩 샷하여 가장 쉽고 안전한 방법으로 플레이하는 것이다.

*프린지 fringe : 그린 주변의 가장자리 - 역주

준비 자세
스탠스를 좁게 하고 체중을 왼발 쪽으로 살짝 실은 채로 타깃 라인과 스퀘어로 선다. 공을 오른발 안쪽에 놓는데 이는 머리와 손이 자연스럽게 공보다 앞으로 가도록 한다. 그리고 평상시의 퍼팅 그립처럼 그립을 잡는다(원 안 그림).

샷 하기

어드레스를 똑바로 했다면 이제 필요한 것은 퍼팅 스트로크다. 클럽 헤드가 뒤에서 땅을 향해 아래로 내려가며, 머리와 손이 볼이 떠난 뒤에도 그대로 위치하도록 한다(위 작은 그림). 이때 만들어진 손목의 각도는 계속 같은 상태로 유지한다(오른쪽 그림). 어드레스 때의 볼의 위치 때문에 볼은 깨끗하게 타격되고, 클럽페이스의 로프트는 볼을 땅에서 약간 띄워 주는 정도로 많이 굴러가도록 하여 그린으로 향하게 한다. 거리와 상태에 대한 일정한 제어 훈련을 한다면 큰 성과를 보게 될 것이다.

스루 더 그린 Through The Green

벙커 Bunkers

벙커 안에 있는 공은 무시하라

벙커 샷은 골프 게임 중 유일하게 연습 스윙이 없으며 볼을 치지 않는 샷이다. 초보자는 벙커 샷에서 무엇을 어떻게 해야 하는지에 대해 확실하게 알지 못하기 때문에 고생하게 된다.

올바른 벙커 기술은 클럽이 볼 뒤에 있는 모래를 치는 것이다. 스윙을 하여 클럽페이스가 모래를 치게 되면 모래가 완충 작용을 하여 볼이 벙커 밖으로 나오게 되는 것이다.

벙커 샷의 핵심은 공이 아닌 모래를 치는 데 있다. 벙커 샷을 위한 클럽이 있다. 샌드 웨지의 로프트는 56도 정도라는 것도 기억하도록 한다. 샌드 웨지를 믿어라. 당신은 굳이 벙커에서 공을 꺼내려고 애쓸 필요가 없다.

1단계 : 벙커의 디봇*을 보라

위의 그림은 클럽이 얼마나 공 뒤쪽 모래에 들어와 공이 날아간 후까지의 지나는 부분을 보여주고 있다. 그 벙커에서의 디봇 자국은 대략 10cm 정도가 되어야 한다. 그림에서 보이는 것과 같이, 공은 디봇의 중간 정도에 위치해야 한다.

*디봇 divot : 스윙 후 클럽 헤드가 닿아 패인 잔디나 흙 - 역주

2단계 : 볼을 당신의 왼쪽 뒤꿈치에 둔다

이는 평상시보다 몇 cm 정도 더 왼쪽으로, 클럽 헤드가 들어가는 지점이 볼의 뒤쪽 부분이 되도록 한다. 이것은 볼이 아닌 모래에 집중할 수 있도록 도와준다.

3단계 : 모래를 지나면서 속도를 높여라

벙커 샷에 자신감이 없다면 클럽은 멈추게 되고 모래는 무겁게 느껴진다. 초보자들은 벙커 샷을 실패하는 경우가 많은데, 그 이유는 볼이 홀에 가까이 있다고 느껴 충분한 스윙 속도를 내지 못하기 때문이다. 벙커 샷의 성공은 자신감을 필요로 한다. 클럽이 모래를 지나가려면 스윙을 할 때 힘차고 강하게 해야 한다.

4단계 : 피니시

당신의 피니시 동작은 샷을 하여 모래를 지나올 때 얼마나 속도를 적절히 조절했는지 보여 준다. 일반적으로, 당신의 손의 위치는 어깨 높이만큼 올라가게 되는 것을 보게 될 것이다. 그보다 낮은 높이라면, 당신은 공이 아직까지도 모래에 있는 것을 볼 수도 있다.

스핀 조절

만약 70대의 스코어를 노리고 있다면 그린 주변 트러블 샷의 목표는 한 번의 퍼팅으로 마무리할 수 있을 정도로 가깝게 핀에 붙이는 것이어야 한다. 이를 달성하기 위해서는 샷에 맞는 자신만의 기술을 조절할 줄 알아야 한다. 핀이 멀리 떨어져 있을 때 적은 백스핀으로 볼을 어떻게 굴릴 수 있는지, 또한 그린 근처의 벙커와 핀의 사이가 좁을 때 볼을 높이 띄워 어떻게 멈추게 해야 하는지 배울 필요가 있다.

템포와 스윙 모양이 중요한 열쇠다. 당신이 필요한 샷을 위해 이 두 가지를 조정할 수 있는 방법이 있다. 또한 샌드 웨지에만 치중하지 않도록 한다. 스스로에게 다른 로프트의 클럽을 이용하는 등의 선택권을 주도록 한다.

적은 스핀 : 천천히 그리고 넓게

백스윙 - 코킹*의 각을 적게 하라 스핀을 적게 한다는 것은 손의 움직임을 적게 한다는 것이다. 백스윙 시 손과 손목을 되도록 쓰지 않도록 한다. 백스윙을 넓게 하여 볼의 탄도를 낮추고 볼의 스핀을 적게 한다.

***코킹 Cocking** : 양팔과 클럽을 연결시키는 손목을 꺾고 풀어 내리는 동작 - 역주

임팩트 후 - 부드럽고 넓게

물론 벙커 샷에서는 볼을 칠 때 스윙 속도를 가해야 하지만, 낮게 구르는 샷은 부드럽고 점진적인 가속도가 필요하다. 임팩트 후 손이 적어도 가슴 높이까지 오도록 하되, 볼을 따라 손목이 꺾이지 않도록 한다. 볼을 위로 들어 올리는 것이 아니라 앞으로 친다는 느낌으로 샷을 한다.

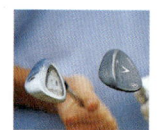

어떤 클럽을 선택할 것인가? 피칭 또는 갭 웨지를 선택하도록 한다. 이제 적은 스핀으로 볼이 평탄하게 날아가는 것을 기대한다. 클럽페이스는 또한 충분한 로프트로 평균 벙커 턱을 넘어가도록 해 준다.

강한 스핀 : 빠르고 날렵한 스윙

손바닥이 하늘을 향하도록 가장 적합한 연습 방법으로 볼을 베어 낸다는 생각을 한다. 다시 말해 공 바로 아랫부분에서 날렵하게 쳐 내는 것이다. 클럽을 들지 않은 상태에서 이 자세를 연습하도록 한다(삽입 그림). 오른손바닥의 끝부분이 임팩트 존을 통과해 빠르게 지나가듯 공 아래를 잘라 내는 듯한 느낌이 들 것이다.

백스윙 - 최대한의 손목 코킹

백스윙을 할 때 손목의 코킹을 최대한으로 만든다면 이 자세를 쉽게 완성할 수 있다. 손목 동작은 날카롭게 모래를 통과할 수 있도록 돕는다.

폴로-스윙 : 민첩한 템포와 빠른 손 동작

폴로-스윙 시 더 빠른 손의 움직임을 취한다면 백스핀을 더욱 크게 할 수 있다. 동작들은 날렵하고 활발하면서 속도감 있게 한다.

어떤 클럽을 선택할 것인가?

샌드 웨지나 로브 웨지를 선택한다. 로프트가 클수록 더 많은 백스핀이 생길 것이다. 이는 물론 공이 더 높고 짧게 날아갈 수 있게 한다.

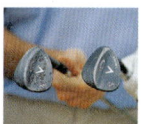

벙커 Bunkers

벙커 가장자리에 대한 전략

페어웨이 벙커가 있다면 샷을 하기 전에 당신이 가지고 있는 전략을 다시 생각해 보는 것이 중요하다. 공의 라이(Lie)와 벙커 가장자리의 턱이라는 두 가지 요인 때문에 실패할 수 있기 때문이다.

당신은 습관처럼 페어웨이 벙커에서 그린을 직접 겨냥할 것인지 안전하게 페어웨이로 보낼 것인지 과감하게 결정하고 싶을 것이다.

벙커 턱을 고려하고 볼의 라이 상태를 해석하여 볼을 안전한 지점으로 보낼 수 있는 전략을 어떻게 결정하는지 알아보자.

상태를 파악하라 공이 모래 위에 알맞게 자리잡고 있다면 공의 뒷부분 지면을 쉽게 임팩트하여 보낼 수 있을 것이다(왼쪽 공). 이때 만약 벙커의 턱이 그다지 높지 않다면 그린을 향해 샷을 한다. 하지만 공의 밑부분이 모래에 파묻혔다면(오른쪽 공), 그린에 대한 생각은 말끔히 지워 버리고 로프트가 좀 더 큰 클럽을 꺼내도록 한다.

클럽 선택 벙커 턱을 넘겨 볼을 보내는 일이 당신이 생각해야 할 가장 중요한 부분이다. 이를 위해서 샷을 하기 전에 로프트가 충분한 클럽을 선택하도록 한다. 만약 클럽에 대해 확신이 서지 않는다면, 페이스를 발로 밟아 각도를 보도록 한다. 이렇게 하면 볼이 얼마나 높게 뜰 것인지 잘 알 수 있을 것이다.

백스윙 테이크어웨이*를 시작하여 처음 30cm는 클럽페이스가 땅에 닿을 정도로 낮고 길게 보낸다. 손목의 움직임을 자제함으로써 얕은 스윙 궤도로 쓸어 버리는 듯한 임팩트를 만든다. 클럽이 넓게 미끄러지듯 움직이도록 한다.

*테이크어웨이 takeaway : 백스윙을 시작하는 동작 - 역주

임팩트 임팩트 시 모래를 긁어 내듯 쳐 내는 데 집중한다. 임팩트 순간에 클럽을 위로 들어 올리거나 아래로 떨어뜨리지 않고 타깃 방향을 향해 앞으로 스윙하게 된다. 만약 모래를 긁어 내듯 임팩트하는 것이 어렵다면 공이 없는 상태에서 연습해 보라. 클럽 헤드의 밑부분이 모래를 쓸 때까지 연습한다.

준비 자세 좋지 않은 라이에서는 볼이 모래에서 나올 수 있도록 바닥을 파는 듯 강하게 쳐 내야 한다. 이를 위한 간단한 방법으로는, 스윙의 초점을 공 앞쪽(왼쪽)으로 모으는 것이다. 골프 장갑이 공 앞쪽에 있다고 생각하자. 그 장갑은 임팩트 후 나오는 샌드 디봇 자국을 나타낸다. 이것은 하향 타격을 할 수 있도록 돕는다.

임팩트 아래로 밀어 앞으로 친다. 당신의 목표는 볼을 쳐 내는 것이 먼저이고, 모래는 그 다음이다. 거리에 대해서는 생각하지 않는 것이 안전한 샷을 위한 최선의 자세다. '이등분 법칙'을 사용하라. 만약 당신이 그린에서 180야드 정도 떨어져 있다면, 90야드씩 두 번으로 나누어 샷하는 것도 나쁘지 않다.

벙커 턱 탈출하기

벙커 턱이 밤잠을 설치게 하는 악몽의 시나리오로 쓰인다면 어떻겠는가?
당신은 파3 홀에서 그린 주위 벙커에 위치해 있다. 홀을 향해 볼을 빼내려고 애쓰지만, 볼은 벙커 턱에 걸려 굴러 내려와 발에 맞아 2벌타를 받게 된다. 결국 그린 반대 방향으로 빼낸 뒤, 피칭으로 그린에 올린 뒤 두 번의 퍼트를 하고 스코어 카드에 '8'을 적는다.
어떻게 하면 이 샷을 적절하게 할 수 있을까? 벙커 턱에서 빠져나와 볼을 그린에 올릴 수 있는 가장 좋은 방법을 익혀 보자.

클럽페이스를 연다 아주 약한 그립(weak grip)으로 잡아 클럽을 열리도록 하고(원 안 그림), 일반적인 어드레스 자세를 취한다. 체중은 왼발 쪽으로 약간 싣고 볼은 중앙에서 약간 왼쪽으로 두도록 한다.

성공을 위한 요소 이러한 상태의 라이는 클럽 헤드가 임팩트 뒤 어떻게 하느냐가 관건이다. 오른손이 왼손 위로 올라가도록 손목을 꺾는 데 신경써서(오른쪽 그림) 모래를 쳐 내면 볼은 위로 떠 날아간다. 이 동작은 일반적인 폴로-스윙과 정반대로 스윙하듯 한다(맨 위 그림). 이렇게 되면 클럽 헤드는 벙커 턱을 치지 않고 그냥 지나치게 된다.

벙커에 알맞은 클럽

초보자와 중급자들에게 벙커 샷은 위압감이 느껴지는 어려운 샷으로 여겨질 수도 있다. 또한 적절한 클럽을 선택하지 못한다면 샷은 더 나쁜 결과를 줄 수 있다. 그린사이드 벙커에서 마주칠 수 있는 가장 흔한 두 종류의 모래 상태와 그에 있어 가장 적합한 샌드 웨지에 대해 알아본다.

가볍고 푹신한 모래 이런 종류의 모래 위에서는 바운스* 각이 큰 클럽(약 12~13도)을 사용한다. 리딩 에지*가 모래 속으로 너무 깊이 들어가지 않도록 하여 임팩트 순간에 필요한 클럽 헤드 속도로 볼을 빼 낼 수 있다. 클럽페이스는 타깃을 향해야 하지만 발과 어깨는 왼쪽으로 열어 두어야 한다. 어드레스로 인한 스윙 궤도를 따라 아웃-인 스윙을 하게 되고 바운스가 제 역할을 하도록 한다.

*바운스 bounce : 솔(sole), 클럽 헤드의 바닥. 바운스 각은 바운스면과 지면이 이루는 각 -역주

*리딩 에지 Leading Edge : 클럽페이스와 솔이 만나는 모서리 - 역주

무겁고 젖은 모래 여기에서 주의할 점은 솔이 튀어 공의 중앙 부분으로 미끄러져 볼이 벙커나 그린을 향해 낮게 날아갈 수 있다는 것이다. 그러므로 바운스 각이 가장 적은 클럽을 골라야 한다. 클럽이 모래를 잘 통과할 수 있도록 하기 위해 클럽페이스를 타깃을 향하게 하고(왼쪽 아래 그림), 가벼운 모래의 경우와 다르게 다리와 어깨는 열지 않도록 한다. 이제 평상시의 스윙으로 완전하고 균형 잡힌 피니시를 하도록 한다.

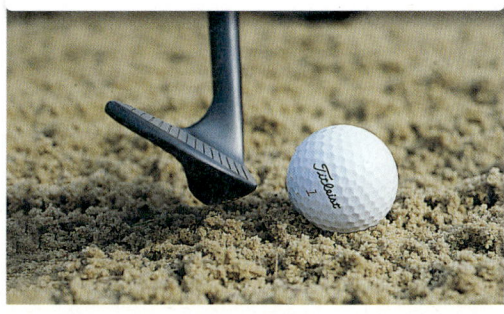

페어웨이 벙커에서의 샷

초급자

초보자들은 경험을 통해 클럽 헤드와 볼 사이의 모래가 무엇을 할 수 있는지 알고 있다. 모래는 클럽 헤드에서 나오는 힘을 완벽하게 방해하여 결국 몇 발자국 안 되는 거리에 공을 떨어뜨리고 만다. 그러므로 얇게 치는 실수를 할지라도 모든 페어웨이 벙커에서의 샷은 볼만을 깔끔하게 쳐내는 데 전념해야 한다.

벙커에서 볼을 정확하고 멀리 보낼 수 있고 깔끔하게 샷을 할 수 있는 기술을 알아본다. 아마 처음에는 볼을 얇게 때리는 탑 핑을 먼저 하게 되겠지만 괜찮다. 연습을 통해서 볼만을 깨끗하고 우아하게 칠 수 있게 될 것이다.

더 크게 서라 어드레스 시 당신의 척추 각도는 페어웨이 벙커 샷의 완성시키는 중추가 된다. 어드레스 시 척추의 각도가 보통보다 더 서 있는 느낌을 받아야 한다(아래). 더 세워진 척추의 각도는 당신에게 두 가지 이점을 주는데, 첫번째는 클럽 헤드를 모래로부터 빼내어 모래를 거친다는 느낌을 덜어 준다. 두 번째로, 좀 더 평평한 스윙 궤도로 만들어 준다. 다시 말해, 스윙을 할 때 몸이 위아래로 움직이지 않도록 해 주는 것이다. 이는 클럽 헤드가 모래 속으로 들어가는 것을 방지하고 볼을 모래에서 빼낼 수 있도록 도와준다.

그립을 단단하게 아랫부분을 잡는다. 그립을 잡을 때 손가락 관절이 하얗게 될 정도로 단단히 잡도록 한다. 이러한 단단함이 근육을 수축시키고 동작을 제한하게 되는데, 이는 스윙을 정밀하고 간결하게 돕는 적합한 자세가 된다. 또한 클럽을 그립의 아랫 부분을 짧게 잡도록 한다(삽입 그림).

볼의 윗부분을 본다 보통 볼을 볼 때는 공의 뒤쪽을 보게 된다. 그러나 공의 위쪽을 보는 아주 미묘한 시선 이동이 모래를 치지 않는 요소를 주게 된다.

얼음 위에 있는 듯 스윙을 한다 만일 빙판 위에서 스윙한다고 가정했을 때 중심을 제대로 잡고 있을 수 있다면 샷에 필요한 정밀함을 쉽게 찾을 수 있을 것이다. 이는 체중 이동을 최대한 줄이고 팔을 이용한 스윙을 할 수 있다는 뜻이다. 왼쪽 뒤꿈치를 고정하고 팔로 스윙하도록 한다.

스윙을 하는 동안에도 하체를 고정하도록 노력한다. 두 발 모두 임팩트에서 바닥에 붙어 있도록 하며, 하체의 움직임을 최소한으로 줄인다.

얼음 위에서 스윙하는 느낌을 피니시까지 가지고 간다. 당신의 오른쪽 뒤꿈치가 들려 자연스레 올라갈 때까지 두 발 모두 고정을 시킨다. 양 팔로 스윙하도록 하게 하라.

벙커 Bunkers

퍼팅 Putting

고개를 들지 마라

준비 동작에서의 정렬이나 다른 기술에서 발생할 수 있는 기본적인 잘못을 제외하고, 짧은 퍼팅에서 일어나는 실수는 너무 빨리 올려다보기 때문에 발생한다. 자신을 믿으며, 미리 예상하거나 걱정하지 않는 습관을 들여야 한다. 또한 퍼팅하는 동안 홀컵에 들어갔는지 확인하기보다는 계속 아래를 보고 있도록 한다.

아래를 본다 퍼팅에서 눈을 아래로 계속 고정시켜 퍼터헤드가 공이 굴러가는 라인을 따라 지켜볼 수 있도록 한다. 오른쪽 어깨는 턱 끝을 향해 부드럽게 움직이도록 한다(오른쪽 위 그림). 이는 볼이 퍼팅 라인을 따라갈 수 있도록 해 준다. 성공적인 퍼팅의 느낌은 자신감에서 오는 것이다.

서투른 기술 퍼팅에서 걱정으로 인해 올려다보는 행동은 당신의 어깨를 움직이게 하고(오른쪽 그림) 살짝 엿보기만 해도 스트로크는 당신이 정했던 퍼팅 라인에서 엇나가도록 만든다. 퍼팅 감각은 걱정을 하기 시작하면 사라지고 만다. 걱정을 이겨 낼 수 있는 단 한 가지의 방법은 더 많은 퍼팅을 성공시키는 것이다. 또한 이 성공을 완성시키기 위해서는 당신 스스로 자신의 스트로크를 믿는 것뿐이다.

선을 긋는다

맨처음 첫 티에서 드라이버 샷이 성공적이면 기분이 매우 좋다. 그런데 대다수의 골퍼들은 드라이버나 아이언 샷보다 퍼팅에서 스코어를 망치게 된다.
여기, 더 많은 퍼팅을 성공시킬 수 있는 아주 간단한 팁이 있다.

볼에 선을 그어라 마커 펜을 이용하여 볼에 일직선의 선을 그린다. 이 선은 볼이 홀 안으로 굴러가는 그림을 그리는 데 도움을 준다.

퍼터를 정렬하라 볼이 굴러가는 지점을 생각하고 원하는 방향으로 시작할 수 있도록 라인을 그린다. 그리고 퍼터 헤드를 볼에 그려진 선 위에 수직으로 겨냥하도록 한다.

간단한 정렬 몇몇 퍼터에는 선이 그어져 있다. 이는 퍼팅을 좀더 쉽게 하는 데 도움이 된다. 퍼터에 그려진 선과 공에 그려진 선을 맞추어 간단하게 생각하며 라인을 따라 스트로크하면 된다. 만약 당신이 그린의 라인을 제대로 읽었다면 볼은 홀 안으로 들어가게 될 것이다.

퍼팅 Putting **77**

탑스핀으로 퍼팅하라

TV에서 나오는 프로들은 퍼팅을 잘도 성공시키는데, 왜 당신의 퍼팅에서는 볼이 홀컵 주변만 맴돌다가 튕겨져 나오는가? 그에 대한 해답은 바로 탑스핀이다. 프로들은 볼의 윗부분을 쓸어 위로 향한 스트로크를 주어 볼이 수직으로 회전하게 만든다. 이 스핀은 공이 어떤 부분이든 어떤 홀컵 모양이든 바로 들어가게끔 만든다.

퍼팅 라인과 엇갈려 스트로크하여 생기는 사이드 스핀이나 아래로 스트로크하여 생기는 백스핀은 볼이 홀컵에서 돌게 만든다. 탑스핀으로 스트로크 할 때다.

볼이 구르는 순간에도 스트로크를 수직으로 위를 향하게 하라.

볼에 표시를 한다 수직인 두 개의 선을 볼에 그림으로써 공이 어떻게 회전하는지 알 수 있다(왼쪽 그림). 수직으로 그린 선에 대고 스트로크한다. 탑스핀으로 스트로크하여 회전했을 때(위), 수직인 선은 그 자리에 있는 듯 보일 것이다.

탑스핀 만들기

볼을 왼쪽으로 볼을 왼발 안쪽으로 둔다. 스탠스 중앙에서 스트로크의 최저점을 지나 퍼터가 위로 올라가기 시작하면서 임팩트하게 된다. 이는 완벽하게 상향 스트로크이다.

테이크 백은 낮게 오직 퍼터헤드가 낮은 지점에서 앞으로 나아갈 때 볼을 위로 스트로크할 수 있다. 그러므로 백 스트로크에서는 퍼터 밑부분이 잔디를 쓸어 넘긴다는 느낌으로 움직이도록 한다. 팔을 편 상태에서 손과 손목을 고정시켜 스트로크한다면 어려움을 느끼지 않을 것이다.

볼의 윗부분을 긁는다 슬로 모션으로 볼의 윗부분을 퍼터헤드의 아랫부분으로 긁으면서 스트로크하는 연습을 한다. 퍼터 페이스가 볼의 윗부분에 묻은 페인트를 벗기듯이 볼을 깨끗하게 청소한다는 느낌이 들도록 연습한다.

스트로크의 완성 상향 스트로크 연습을 충분히 한 다음, 좀 더 세밀히 스트로크할 수 있게 연습한다. 볼의 윗부분을 제대로 스트로크하며 매번 속도를 조금씩 높여 일반적인 스트로크 속도가 형성되도록 한다.

팔을 퍼팅 라인에 둔다

스트로크 궤도는 팔뚝 선을 따라간다. 만약 어드레스 자세에서 그림과 같이(오른쪽) 왼쪽 팔뚝이 오른쪽보다 앞으로 나왔다면, 퍼터는 볼을 라인에서 빗나가게 할 것이다. 이것을 바로잡기 위해 양팔을 어깨에서부터 자연스럽게 내리도록 한다.

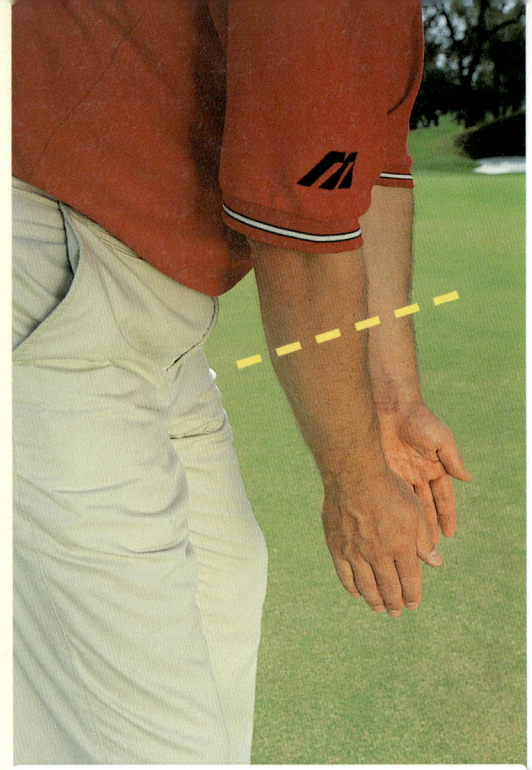

편하게 내린다 양팔이 허벅지에서부터 같은 거리에 있고, 퍼팅 라인 위에 있는지 확인한다.

양팔이 궤도를 좌우한다 스트로크의 궤도와 볼이 굴러가는 길은 양팔의 위치에 달려 있다.

얼굴을 감싸고 보라

실력이 뛰어난 골퍼들도 가끔 짧은 거리의 퍼팅에서 애를 먹는 경우가 있다. 그 이유는 머리 각도로 퍼팅 라인을 맞추려 하기 때문이다. 이렇게 하면 시선이 왜곡되어 퍼팅 라인을 잘못 읽는 실수를 하게 된다. 이를 이겨내기 위해 퍼터는 잠시 잊고 손으로 얼굴을 감싸 본다.

동등함을 유지한다 눈의 위치가 수직이 될 때, 양손의 간격이 균등하게 보일 것이다.

얼굴을 감싼다 그림과 같이 양 손을 얼굴 양 옆을 감싼다.

경사면에서의 추측

초보자들이 가장 힘들어하는 부분 가운데 하나가 바로 가파른 경사면의 그린에서 퍼팅하는 것이다. 낯선 코스라면 더욱 어렵게 느껴질 것이다. 쓰리-퍼트(three-putt)의 기억도 다시 떠오를 것이다. 이와 같은 상황을 해결 해 줄 마법은 없다. 다음 조언들을 따라 해결해 보도록 하자.

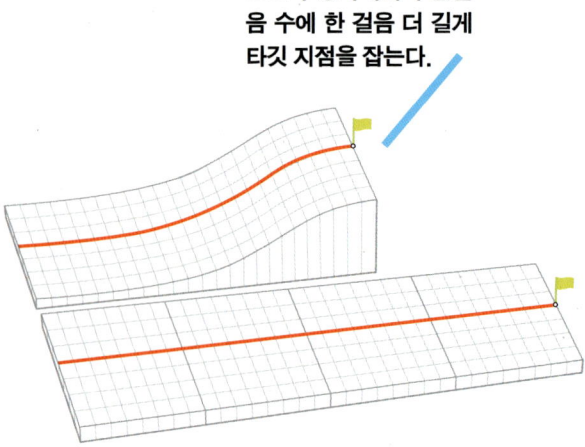

오르막 경사에서의 발걸음 수에 한 걸음 더 길게 타깃 지점을 잡는다.

오르막 퍼팅은 더 강하게 오르막 퍼팅에서 'Never up, never in'*이란 말보다 더 알맞은 말은 없다. 오르막 퍼팅을 짧게 하는 것은 쉽지만, 여기에 더 쉬운 해결책이 있다. 그린이 평평하다 생각하고 오르막 경사에서 잰 거리에 볼이 올라가야 할 거리만큼 한 걸음씩 더하도록 한다. 경사면이 가파를수록 더 많은 걸음 수를 더하도록 한다. 얼마나 볼을 보내야 하는지에 대한 계산이 끝났다면, 홀까지 걸어가 당신이 목표로 하는 부분을 머릿속에 기억해 둔다.

*Never up, never in : '퍼팅이 짧으면 절대 홀인 할 수 없다.'라는 골프 명언 - 역주

내리막 퍼팅에서의 주의점 오르막 퍼팅은 볼이 힘겹게 올라 짧을 수 있고, 내리막 퍼팅은 볼이 빠르게 굴러 홀을 지나칠 수 있다. 내리막 경사 면에서 볼과 홀 사이를 발걸음으로 잰 거리에서 평평한 그린이라 생각하고 한 걸음을 뺀 발걸음 수로 거리를 측정한다. 경사면이 가파를수록 더 많은 걸음을 빼야 한다. 어떻게 퍼팅을 해야 하는지 계산이 끝났다면, 홀에서 볼까지 돌아와 볼을 보내야 하는 부분을 머릿속에 기억해 둔다.

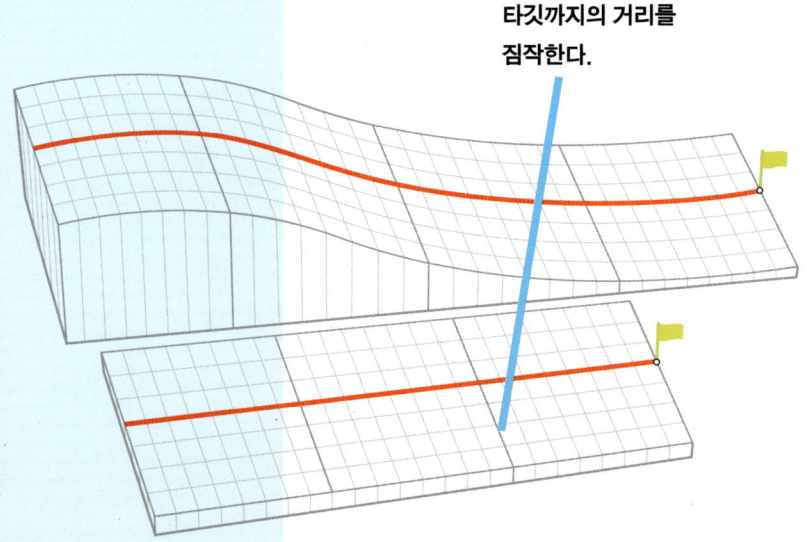

그린이 평평하다 생각하고 타깃까지의 거리를 짐작한다.

퍼터를 낮게 유지하라

대다수의 짧은 퍼팅에서 실수하게 되는 원인은 퍼터가 V자 모양으로 지면에서 위로 가파르게 올랐다가 아래로 스트로크하기 때문이다. 이는 볼이 퍼터페이스에서 튀어 엉뚱한 방향으로 가도록 만든다. 퍼터를 지면에서 낮게 유지하여 스트로크 하도록 한다.

확신 있는 퍼팅 많은 아마추어 골퍼들은 짧은 퍼트에서 백 스트로크를 지나치게 길게 하여 임팩트 속도를 줄어들게 한다. 백 스트로크를 짧고 견고하게 하여 가속이 붙는 자신 있는 스트로크를 한다.

균형이 중요하다 퍼팅 어드레스에서 스탠스 간격은 지극히 개인적인 사항이다. 그러나 스탠스는 어깨 너비만큼 벌려 주는 것이 좋다. 스탠스를 좁게 하면 스트로크 도중에 균형을 잃을 가능성이 높아진다.

로고를 맞춘다 투어 프로가 그린에서 볼을 집어 올렸다 다시 내려놓을 때 볼의 로고가 위로 오게끔 신경 쓰는 것을 보았을 것이다. 이것은 결코 프로들만이 하는 행위가 아니다. 로고를 위로 올라오게 하면 퍼팅 라인을 정확하게 보는 데 도움이 될 뿐만 아니라 페이스를 스퀘어로 맞추기가 쉬워진다.

잔디 깎기 백 스트로크를 할 때 퍼터의 솔이 잔디를 깎는 듯한 움직임을 유지한다.

브러쉬 스트로크 낮은 위치에서 밑으로가 아닌 앞으로 미끄러지듯 밀어 스트로크한다.

빠른 퍼트는 토* 부분으로

두 번의 좋은 샷을 한 뒤 버디 찬스의 내리막 퍼팅에서 홀을 그냥 지나친 볼을 다시 놓치게 되어 보기를 기록한 적이 얼마나 많이 있는가. 볼을 잘 다루어 원하는 대로 홀 컵에 넣을 수 있도록 해 보자.

내리막의 퍼팅에서는 의도적인 변형된 스트로크를 하여 볼이 홀컵으로 떨어지게 한다. 골프 과정의 대부분의 샷이 그러하듯이 이 스트로크의 열쇠는 바로 준비 자세에 있다.

*토 toe : 퍼터 헤드의 바깥 쪽 끝부분 -역주

성공적인 스트로크를 위해 그립을 매우 약하게 잡는다.

알맞은 준비 동작 퍼터의 토 부분에 볼을 놓고(오른쪽 그림), 손을 들어 올려 퍼터 뒷부분이 약간 올라가도록 한다. 클럽의 그립은 놓치지 않을 정도로만 살짝 잡는다.

퍼터의 힐 부분(뒷부분)은 살짝 올라가야 하며, 퍼터의 토 부분으로 볼을 친다.

성공적인 변형 스트로크 헤드 중심을 벗어난 스트로크의 결과이다. 약하게 잡은 그립은 무딘 스트로크를 만들어 결국 볼이 홀을 지나치지 않도록 한다(왼쪽).

퍼팅 Putting

제2부

코스 전략

견고한 드라이버 샷

좁은 페어웨이의 긴 파4홀이다. 당신이 할 수 있는 능력만큼의 정확성과 거리가 필요하다.

초급자

플레이 왼쪽에 심한 협곡이 있을 경우, 가장 좋지 않은 문제에서 벗어나 플레이해야 한다. 어려운 트러블 샷 지점에 들어가는 확률을 줄이기 위해 오른쪽으로 정확히 조준해야 한다.

클럽 로프트가 큰 우드를 사용한다. 5번 우드나 유틸리티 클럽을 사용한다. 이는 정확성과 거리의 선택 기로에 선 골퍼들에게 최고의 절충안이 될 것이다.

위험 요소 제거
볼을 문제가 없는 안전한 지점으로 보낸다.

견고한 드라이버 샷

초급자

강한 그립

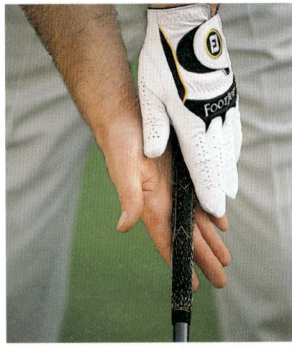

왼손바닥을 그립의 윗부분에 오게 하고, 오른손은 그 아래에 오게 한다. 이를 스트롱 그립이라고 하는데, 임팩트 시 클럽페이스가 스퀘어 또는 약간 닫힌 상태로 회전할 수 있도록 도와주며, 슬라이스 되는 것을 막아 줄 것이다.

어깨 정렬 방법

어깨는 스윙 궤도의 조절에 큰 영향력을 가진다. 그러므로 당신이 보내기 원하는 방향으로 어깨 정렬을 확실하게 해야 한다. 위 그림의 경우 오른쪽의 나무들을 향한다. 클럽을 가슴에 교차시켜 어깨가 어느 방향으로 조준되는지 확인한다.

1시 방향으로 샷을 한다

왼쪽의 협곡에서 멀리 있는 정확한 곳으로 볼을 보내기 위해 12시 방향으로 당신의 타깃 라인으로 잡는다. 어드레스를 스퀘어로 하고 1시 방향으로 볼을 친다는 생각을 한다. 드로 샷을 하는 데 도움을 줄 것이다.

코스 전략 **89**

견고한 드라이버 샷

중급자

플레이 볼의 이상적인 비행은 홀 모양을 따라가는 것이다. 이 의미는 오른쪽에서 시작해서 완만한 곡선을 그리며 왼쪽으로 간다는 것이다. 그래서 소프트 드로 샷을 준비한다. 이는 당신이 생각하는 것만큼 힘든 샷은 아니다.

클럽 3번 우드를 사용한다. 드라이버보다 로프트가 높으며, 여러 가지 이로운 점이 많다. 공의 회전을 만들기에 충분하다.

중급자

어깨를 닫는다

어드레스 시 왼쪽 어깨를 내려다보는 느낌을 갖도록 한다. 이는 약간 닫힌 어깨를 위한 자세이며, 백스윙을 위한 안쪽 궤도를 활성화한다. 안쪽에서부터 볼을 타격하여 드로 샷을 이끌기 위한 도움을 줄 것이다.

셔츠 단추는 볼 오른쪽에

다운스윙을 할 때 상체 중앙이 볼 오른쪽에 위치하도록 유지해야 한다. 이는 다운스윙을 차분하게 만들고 몸이 앞으로 나오지 않게 하여 슬라이스를 막는다. 또한 확실한 폴로-스윙의 기초가 되어 드로 샷을 하는 데 필요하다.

왼쪽 손가락을 보라

볼을 오른쪽에서 왼쪽으로 날아가게 하기 위해 임팩트 후 클럽페이스를 회전시켜야 한다. 즉 오른쪽 팔뚝을 왼쪽 너머로 돌려야 한다는 것이다. 폴로-스윙에서 양팔은 가까이 겹쳐져야 하며, 장갑을 낀 왼손가락을 볼 수 있어야 한다.

바른 자세

안전한 방향으로 스윙을 부드럽게 해야 한다. 양팔은 드로를 만들기 위해 돌려야 한다.

견고한 드라이버 샷

코스 전략 **91**

샤프트를 왼쪽 무릎으로

척추의 각도는 임팩트 때의 클럽 각을 유지하기 위해 타깃 반대로 방향으로 기울어져 있어야 한다. 그리고 체중을 공의 뒤쪽에 두어야 한다. 여기 정확한 척추의 각도를 찾는 방법이 있다.

척추의 각 : 클럽을 잡고 샤프트를 가슴의 중앙에 일직선으로 댄다. 그립이 왼쪽 무릎에 살짝 닿을 때까지 오른쪽 어깨를 기울인다.

척추 각도의 유지

백스윙에서 이와 같이 강한 탑 스윙 자세를 만들기 위해 볼보다 오른편에서 움직여야 한다. 탑에서 어드레스 때의 척추 각도를 유지한다. 이제 당신은 다운스윙을 시작하기 위한 공간을 갖게 된다.

오른쪽 어깨를 아래로

오른쪽 어깨의 움직임을 좋게 하는 것은 폴로-스윙에서 오른 어깨가 턱 아래로 지나가는 것이다. 스윙에 대해 불안해 하면 몸이 일어나게 된다. 척추 각도가 한순간이라도 틀어진다면 볼은 아마도 오른쪽으로 날아가게 될 것이다.

견고한 드라이버 샷

확실한 샷
폴로-스윙을 주춤하게 된다면 스윙 스피드와 방향을 잃게 될 것이다.

상급자

플레이 홀이 길고 페어웨이가 좁다고 짧게 갈 필요는 없다. 두 번의 샷으로 그린에 올리려면 안전한 방향으로 확실한 샷을 하는 것이 좋다.

클럽 드라이버를 잡는다. 비록 적은 스핀이라도 가장 강한 클럽으로 편안하게 드로 샷하는 느낌으로 한다.

PAR 3

항상 파3홀에서 그린을 놓치는가? 그렇다면 티-업(Tee-up)의 위치를 바꾼다.

파3홀은 모든 골퍼에게 버디를 잡을 수 있는 기회를 제공한다. 핸디캡과는 상관이 없다. 파3홀에선 샷의 정확성이 좋은 기회를 잡으므로 장타자가 유리하다고 볼 수 없다. 그린에 올린다면 버디 찬스를 맞게 된다.

그런데 사실 대부분의 골퍼는 그린을 놓치는 경우가 많다. 골프를 좀 더 쉽게 하고, 그린 공략에서 확실한 기회를 잡으려면 자연스러운 샷의 구질에 대해 배우고 익혀야 한다. 만약 볼이 왼쪽에서 오른쪽으로 휘는 슬라이스가 난다면 티 박스의 오른쪽이 최고의 티업 위치이다. 또한 오른쪽에서 왼쪽으로 훅이 난다면 왼쪽 부분의 티가 최고의 선택이다. 그래도 여전히 그린에 올리기 힘들다면, 여기 파 세이브를 위한 방법 세 가지를 주목하라.

중급자

훅 구질
이 홀에서 왼쪽 방향으로 가는 것은 위험하다. 티 박스의 왼쪽 가장자리에 티업을 하고 그린 오른쪽 방향을 조준한다. 이는 볼이 오른쪽에서 왼쪽으로 움직이는 것에 여유 지점을 주어 그린에 안착시킨다.

스트레이트 구질

원하는 구질의 샷을 할 수 있는 골퍼라면 거센 바람 속에서 핀을 공략하기 위해 티 박스의 중앙에서 핀을 향해 똑바른 조준하여 탄도가 낮은 펀치 샷을 구사하도록 한다. 바람의 세기를 참작하여 긴 클럽을 잡는다.

상급자

핀 위치에 유의하라

어렵게 느껴지는 홀의 티샷에서 핀의 위치에 유의하여 방향을 정해야 한다. 핀은 그린의 먼 오른쪽 부분에 위치해 있다. 최고의 공략법은 볼이 왼쪽에서 오른쪽으로 들어오는 페이드샷*이다. 항상 그린의 경사면 방향을 보도록 한다.

*페이드 샷 Fade shot
: 볼이 곧게 날아가다 오른쪽으로 살짝 휘는 구질 - 역주

PAR 3

슬라이스 구질

이 홀에서 완벽한 구질의 샷을 해야 한다. 바람은 일반적으로 바다에서 그린 쪽으로 불어온다. 오른쪽 끝부분에서 티업을 하고, 그린의 왼쪽을 겨냥하여 유리하게 가져간다. 볼은 돌아들어오게 된다.

초급자

코스 전략

PAR 3

적응하라

당신의 티샷이 실패하여 그린에 올라가지 못했다면, 그리고 이를 만회하기 위한 그 다음 샷도 형편없다면 당신은 스코어 카드를 찢어 버리고 싶을 것이다.
파 세이브를 위해 숏게임을 익힌다.

초급자

텍사스 웨지*

심한 내리막 경사에서의 칩 샷은 제대로 컨트롤하기가 쉽지 않다. 그래서 퍼터를 사용하여 경사면 아래로 굴려 보내는 것이 최고의 선택이다. 퍼팅할 때와 마찬가지로 경사면을 읽는 것을 기억하라. 핀으로 보내기 위해 정확히 정렬하고 낮고 긴 백 스트로크를 한다. 항상 경사면의 기울기에 따라 자세를 잡는다. 그리고 눈을 정확하게 볼 위에 두고 라인을 본다.

***텍사스 웨지 Texas Wedge :** 퍼터를 그린 밖에서 사용할 때는 퍼터라는 명칭 대신 '텍사스 웨지'라고 부르는 경우가 많다. - 역주

러프에서의 리커버리 샷*

그린 주변 깊은 러프에 볼이 있는 오르막 경사에서는 피칭 웨지 대신 9번 아이언을 잡는다.

*리커버리 샷 Recovery shot : 실수를 한 후 이것을 만회하기 위한 샷 - 역주

당신의 스탠스 안에 볼을 두어야 한다.

그리고 폴로-스윙은 경사면의 가파른 각도를 따라가야 한다.

포트 벙커에서의 샷 (pot bunker shot)

턱이 높은 포트 벙커에서 나오는 것은 쉽지 않은 기술이다.

샌드 웨지의 페이스를 오픈하고 그립을 잡기 전에 헤드를 평평하게 눕힌다.

어드레스 시 볼의 약간 뒤쪽(오른쪽)에 손을 위치시킨다. 모래를 통과할 때 최대한 로프트를 크게 유지한다.

200야드 지점

그린 앞쪽으로 개울이 흐르고 있다면 어떻게 할 것인가? 여기 수준별 전략과 기술이 있다.

초급자

플레이 9번 아이언 또는 피칭 웨지로 100야드씩 두 번 샷을 한다.
한 번에 그린에 올릴 확률은 희박하다. '이등분 법칙'을 이용하여 이 어려운 샷에 대한 트라우마를 만들지 않도록 한다. 당신의 능력 안에서는 짧은 두 번의 샷이 더 낫다. 첫번째 샷을 그린에 올리기 위한 두 번째 샷의 연습이라 생각해도 된다.

이등분 법칙
두 번의 9번 아이언 샷으로 그린에 올린다. 첫 번째 샷은 두 번째 샷의 예행 연습이다.

초급자 · 200야드 지점

어드레스

중앙에서 약간 오른쪽에 볼을 놓는다. 깔끔한 디봇이 나오도록 짧고 힘 있는 스윙을 해야 한다. 볼의 위치는 하향 타격을 쉽게 하기 위해 평소보다 약간 오른쪽에 둔다. 짧은 스윙을 원활하게 하기 위해 스탠스를 좁힌다.

백스윙

백스윙 시 손은 머리보다 높지 않아야 한다. 안전하게 200야드를 보내야 하지만 지금은 거리를 요구하는 것이 아니다. 9번 아이언으로 샷을 하고 있다면 거리에 대한 어떠한 생각도 하지 않는다. 밸런스와 컨트롤만 생각하라.

다운스윙

피니시 동작에서 체중은 오른발과 왼발 발가락에 실려야 한다. 손의 위치는 턱보다 높지 않아야 한다. 샷이 대체로 정교하다면 200야드를 두 번으로 나누어 샷을 잘할 수 있다고 본다.

코스 전략 **99**

2000야드 지점

중급자

플레이 당신의 임무는 페어웨이 우드로 해저드를 넘어 그린으로 샷을 하는 것이다. 이는 중급자들에게 확률이 높은 샷이다. 페어웨이 우드 샷으로 그린 앞의 개울을 넘겨보내 그린에 올려야 한다. 그린을 놓쳤다 할지라도 그린 주변에서 숏게임으로 만회할 수 있다.

중급자

테크닉

임팩트하며

이 그림을 보라

어드레스에서 탑스윙까지 척추의 각도를 유지하는 것은 필수적이다. 페어웨이우드를 사용할 때는 특히 그러하며, 임팩트를 지날 때도 같은 각도를 유지하는 것이 중요하다. 우드와 같은 낮은 로프트의 클럽을 사용한다는 것은 일관성을 유지하는 것과 볼을 쓸어 치는 듯한 스윙 궤도가 필요하다는 의미다. 스윙하는 동안 일관된 상체의 회전과 척추 각도 유지로 올바른 스윙 궤도를 만들어 낼 수 있다. 클럽이 등허리 부분에 오게 하고(왼쪽 그림), 임팩트하며 들어 올려 치는 것은 매우 쉽다(가운데 그림).

이는 공을 너무 강하게 치려고 하기 때문에 일어나는 일반적인 현상이다. 정확하게 허리 회전을 하지 못한다면 탑핑이 나고 공은 굴러갈 것이다. 이를 막기 위해 등쪽이 일어나지 않도록 유지하며 스윙을 한다.

일격을 가한다
페어웨이 우드 샷을 할 때 좋은 타격을 위해 일정한 높이를 유지한다.

2000대 지점

플레이 그린을 향해 롱 아이언으로 페이드 샷을 한다. 왼쪽에서 오른쪽으로 돌아 날아가는 페이드 샷은 볼의 높은 탄도와 부드러운 착지로 그린에 떨어진다. 이는 쉽지 않은 샷이지만, 80타를 깨길 열망한다면 이 샷을 할 수 있어야 한다. 바람의 영향, 바닥의 경사 그리고 당신의 파워에 따라 3번 또는 4번 아이언을 사용한다.

3번 아이언 페이드 샷
이 샷은 당신에게 볼을 그린 위에 안착시킬 최고의 기회를 가져다준다.

준비 자세

발과 엉덩이 그리고 어깨를 핀 10야드 왼쪽 지점에 조준함으로써 페이드 샷을 미리 준비한다(왼손잡이는 오른쪽 지점). 스윙 궤도는 몸이 만들어 놓은 스윙 라인을 따라간다. 이는 볼이 왼쪽에서 시작하여 날아가는 것을 쉽게 할 것이며, 페이드 샷의 첫 번째 필수 요소이다.

백스윙

클럽 헤드는 손의 바깥쪽으로 유지한다. 백스윙에서 샤프트가 땅과 평행이 되도록 하여 손의 뒤쪽으로 꺾이지 않도록 주의한다. 이 자세는 약간 바깥에서 라인 쪽으로의 백스윙을 하기 위한 것이고, 완벽하고 부드러운 페이드 샷을 위한 것이다.

다운스윙

임팩트 후 왼쪽으로 당긴다. 이는 당신의 손을 타격 방향으로 유도하면서 몸의 회전을 확실하게 해 준다. 손을 좀 더 타깃 방향으로 가지고 가면서 클럽페이스를 오픈시킨다. 만약 몸이 회전하지 않는다면 손목이 돌아가게 되고 클럽페이스는 닫힐 것이다.

코스 전략 **103**

러프에서의 샷

판단력 있는 선택으로 깊은 러프에서 빠져나온다.

모든 골퍼들은 때때로 약간은 잘못된 방법을 선택한다. 실력이 좋은 골퍼와 일반적인 골퍼와의 차이점은 이러한 힘든 상황에서 리커버리 샷을 하는 방법을 알고 있다는 것이다. 현명한 골퍼들은 골프백 속에서 롱 아이언이나 유틸리티 우드를 놓고 고민하기보다는 웨지나 로프트가 큰 아이언을 선택하여 안전한 지점에 보낸다.

그러나 핀을 향한 샷이 실현 가능한 뜻밖의 경우들도 있다. 예를 들어, 그린에서 불과 120야드가 떨어진 지점에서는 간단하게 피칭 웨지로 샷을 하는 상황이겠지만, 이 러프에서 당신은 자신 있게 샷을 할 수 있겠는가?

여기, 당신이 생각하는 그린을 직접 공략하는 것을 포함한 세 가지 방법이 있다. 기억하라. 100% 확신을 가지고 샷을 시도해야 한다.

초급자 정말 문제될 것이 없다. 가장 쉽고 안전한 페어웨이로 보내는 것이다. 요점은 오른쪽으로 내보낸 뒤 간단한 피치 샷으로 그린에 올리는 것이다.

러프에서의 샷

초급자 — 엉켜 있는 러프에서 나올 때 볼이 어디로 날아갈지 예측하기 힘들다. 클럽은 매우 쉽게 돌아가 많은 위험 요소들을 안고 있다. 여기서 현명한 플레이는 볼을 내보낼 페어웨이의 안전 지대를 찾는 것이다.

초급자 — 깊은 러프에서 볼을 빠져나오게 하기 위해 로프트가 큰 클럽이 필요하다. 로브 웨지도 좋지만 샌드 웨지 역시 좋은 역할을 한다. 힘있게 풀스윙하여 볼을 임팩트한다. 스윙을 중간에 멈춘다면 볼은 빠져나오지 못할 것이다.

코스 전략 **105**

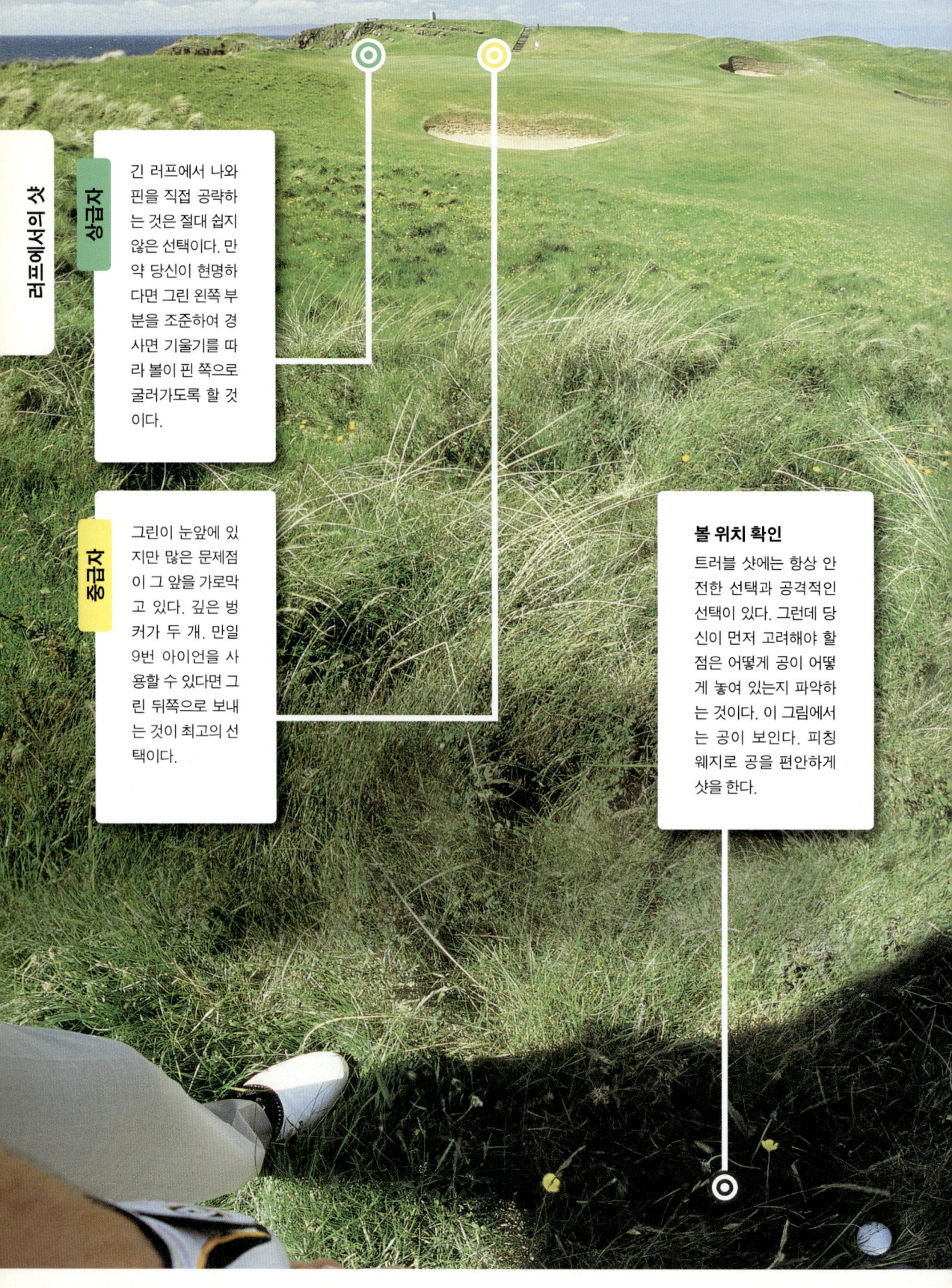

러프에서의 샷

상급자

긴 러프에서 나와 핀을 직접 공략하는 것은 절대 쉽지 않은 선택이다. 만약 당신이 현명하다면 그린 왼쪽 부분을 조준하여 경사면 기울기를 따라 볼이 핀 쪽으로 굴러가도록 할 것이다.

중급자

그린이 눈앞에 있지만 많은 문제점이 그 앞을 가로막고 있다. 깊은 벙커가 두 개. 만일 9번 아이언을 사용할 수 있다면 그린 뒤쪽으로 보내는 것이 최고의 선택이다.

볼 위치 확인

트러블 샷에는 항상 안전한 선택과 공격적인 선택이 있다. 그런데 당신이 먼저 고려해야 할 점은 어떻게 공이 어떻게 놓여 있는지 파악하는 것이다. 이 그림에서는 공이 보인다. 피칭 웨지로 공을 편안하게 샷을 한다.

그린의 후방

당신은 어떠한 방법으로든 볼을 그린 뒤쪽으로 보낼 기술을 가지고 있다. 여기 확실하게 빠져나올 수 있는 몇 가지 작은 방법이 있다.

러프 속에서 클럽 헤드의 꼬임을 막기 위해 그립을 강하게 아래로 내려 잡는다.

가파르게 다운스윙을 하여 볼이 위로 뜨게 한다.

공격적인 샷

만약 당신이 이 어려운 상황에서 파 세이브를 하기 원한다면 상체와 팔의 연결 움직임을 배워야 한다.

클럽페이스는 다운 스윙과 마찬가지로 닫히지 않도록 타깃 방향으로 향한다.

양손이 클럽을 리드하고 왼쪽 손등 부분이 타깃 방향을 향하게 한다.

페어웨이 벙커 샷

궁지에서 스스로 빠져나오라.

초급자

플레이 그린은 잊어라. 초보자는 단순한 피치 샷으로 공을 그린에 좀 더 가까이 붙이는 것에 초점을 맞춰야 한다. 100야드 정도 보낸다 생각하고 샷을 한다.

클럽 9번 아이언을 이용하라. 클럽페이스는 페어웨이 벙커의 턱을 넘길 수 있는 충분한 로프트를 가지고 있으며, 일반적인 펀치 샷을 하듯 플레이하는 것이 이상적인 선택이다.

하향 타격
볼을 아래로 치려고 노력하라. 그러면 모래 앞부분을 치게 될 것이다.

초급자 · 페어웨이 벙커 샷

볼은 오른쪽으로

스탠스의 중앙에서 오른쪽으로 볼을 놓는다. 체중을 오른발에 60% 정도 싣는다. 오른쪽 무릎에 압박의 느낌을 받을 것이다. 왼쪽 어깨에서 클럽 헤드까지 일직선인지 확인한다. 이는 하향 타격에 도움을 준다.

가파른 백스윙

가파른 백스윙을 두려워하지 마라. 클럽을 위로 빠르게 들어올리고 오른발에 체중을 좀 더 실음으로써 효과를 증가시킨다. 왼쪽 팔은 모래 지면과 평행하게 하며, 짧고 간결한 컨트롤 샷을 한다.

먼저 볼을 친다

위의 모든 것들이 볼의 뒷부분을 하향 타격하게끔 만들어 준다. 이는 클럽이 모래에 먼저 닿는 것을 피하게 하여 볼을 먼저 감싸게 한다. 다운 블로 즉 하향 타격은 클럽이 볼을 먼저 임팩트한 뒤 모래에 닿는 것을 의미한다.

코스 전략 **109**

페어웨이 벙커 샷

중급자

그립을 아래로

6번 아이언을 3cm 정도 아래로 잡는다. 클럽페이스를 컨트롤하는 느낌을 더 받을 수 있을 것이다. 공의 위치를 중앙에 유지하고 깨끗한 타격이 되도록 만든다.

손은 귀 높이

비록 페어웨이에서 샷과 흡사하게 하는 것처럼 느끼지만 실상 당신은 모래 위에 서 있다. 즉 하체의 기반이 불안정하며 보다 정확한 스윙을 요구받는 상황이다. 쓰리-쿼터 백스윙을 하고, 보다 안정되고 컨트롤된 스윙을 해야만 한다.

무릎 높이

폴로-스윙은 모래를 얇게 스쳐 지나갈 정도의 높이를 유지하도록 해야 한다. 무릎의 높이를 유지하거나 허리의 벨트와 수평선을 만드는 것은 스윙을 위한 좋은 이미지 훈련이다. 이는 얇은 샷을 위한 안정된 자세의 기반을 구축하는 데 도움을 준다.

짧은 스윙
스스로 샷의 안정감과 정확성을 증가시킬 수 있는 스윙을 한다.

페어웨이 벙커 샷

중급자

플레이 그린 주변의 트러블 샷에서 벗어나게 할 수 있는 쓰리-쿼터의 간결한 스윙이 가장 확률 높은 플레이 방법이다. 그러나 다음 샷의 어프러치나 퍼트를 위해 충분히 가까이 붙여야 한다.

클럽 6번 아이언 또는 140~150야드 지점의 페어웨이에서 그린으로 올릴 수 있는 모든 클럽으로 플레이한다. 6번 아이언 또한 벙커 가장자리의 턱을 넘기 위한 충분한 로프트를 가지고 있다.

코스 전략 **111**

페어웨이 벙커 샷

이 지점을 노린다
유틸리티 우드의 이용하여 그린의 넓은 지점으로 보내는 샷을 한다.

상급자

플레이 상급자들은 그린을 직접 노리는 플레이를 위해 볼을 타격하는 능력이 있어야 한다.

클럽 유틸리티 우드는 오직 이 샷을 위해 필요할지도 모른다. 아이언 샷과 마찬가지로 샷을 하더라도 볼을 띄울 수 있다. 평평한 헤드의 솔(sole) 부분은 클럽의 부드럽게 빠져나가는 것을 도와준다.

볼을 왼쪽으로

왼발 안쪽과 스탠스 중앙에 볼을 위치시킨다. 이 위치는 깨끗한 타격을 위한 스윙 궤도의 최하점을 만들어 낸다. 그립을 1~2cm 아래로 잡는다.

다운스윙은 차분하게

이 지점에서의 샷은 대부분 잘못된 방향으로의 전환된다. 벙커 안에서 공을 200야드 넘게 날려 보내기 위해서 공을 강하게 치려는 경향이 있다. 백스윙이 끝나기도 전에 다운스윙을 빠르게 하면 안 된다. 리듬과 템포를 믿고 백스윙에서 다운스윙으로 차분하게 이동한다.

피니시

피니시 자세는 이러해야 한다. 완벽하게 균형이 잡힌 피니시 자세를 취할 수 있다면, 스윙이 어때야 하는지는 당연히 잘 알고 있을 것이다. 힘을 빼고 풀스윙을 하며, 프로와 같은 자신감을 지닌 샷을 하게 될 것이다.

어프로치 샷

어프로치 샷은 그리 어렵지 않다. 현명한 플레이를 선택하라.

초급자

플레이 오른쪽에 큰 해저드가 있다. 그린 왼쪽 앞의 지점으로 보내는 간결한 샷이 가장 안전한 선택이다.

클럽 한 개 내지 두 개의 클럽을 사용하여 최적의 컨트롤과 정확성을 위한 쓰리-쿼터 샷을 하도록 한다.

왼쪽으로 쳐라
낮은 탄도의 볼이 컨트롤하기 쉬우므로 스윙을 짧게 하고 왼쪽으로 보낸다.

어프로치 샷

초급자

안정성을 위해 왼쪽을 조준

몸의 조준 방향은 그린의 왼쪽 또는 왼쪽 끝을 가리키고 있다. 타깃 방향과 일직선을 그린 뒤 그 위의 한 지점을 생각한다. 몸을 정렬할 때 이를 이용한다면 스퀘어로 만드는 데 도움이 될 것이다. 방향을 바꾸기 위해서 몸의 정렬을 다시 한다.

로프트가 큰 클럽으로

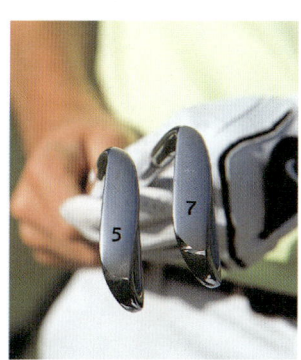

그린과의 거리가 150야드인 지점에서는 로프트가 낮은 클럽을 선택하고픈 유혹에 빠진다. 로프트가 큰 아이언으로 편하게 스윙하는 것이 좋다. 이는 슬라이스가 되어 트러블 구역에 빠지게 하는 대신 볼을 타깃 방향으로 보내 좋은 기회를 얻게 한다.

짧은 스윙

짧은 스윙은 통제된 스윙이다. 그렇기 때문에 백스윙은 쓰리-쿼터보다 길지 않아야 한다. 폴로-스윙과 곧게 날아가는 어프로치를 위해 간결한 스윙을 유지해야 한다. 컨트롤 능력을 높이기 위해 그립을 약간 아래쪽으로 잡는다.

어프로치 샷 — 중급자

정확한 조준

100% 확실한 지점보다 공격적인 선택을 원한다면 보내고 싶은 그린의 정중앙으로 조준한다. 클럽을 잡고 샤프트는 조준 가이드로 사용한다. 그리고 보내고자 하는 방향의 앞쪽 한 지점을 정해 자세를 정렬하도록 한다.

볼은 오른쪽으로

낮은 궤도의 볼로 확실하게 보내기 위해서는 스탠스에서 3~5cm 정도 뒤에 위치시킨다. 클럽 헤드의 각도를 낮추게 되어 볼을 디센딩 블로하며 낮은 탄도 비행을 할 수 있게 도와준다.

릴리스

여기서는 샷의 모양이 핵심이다. 오른쪽의 해저드를 피할 수 있게끔 오른쪽에서 왼쪽으로 휘어지는 구질이 이상적이다. 따라서 임팩트 시 팔목을 회전시킴으로써 공에 드로 스핀을 주어야 한다.

어프로치 샷

안전하게 플레이하라
그린의 정중앙을 조준하는 것은 파를 만드는 분명한 방법이다.

중급자

플레이 90타 이하의 골퍼들은 어프로치에서 보다 공격적이어야 한다. 공격적으로 긴 버디 퍼팅을 하는 동안 약간의 여유 거리가 허용되는 것처럼 그린의 가운데를 노리는 것은 최고의 플레이다.

클럽 정확성을 요구한다면 일반적인 클럽보다는 조금 더 긴 클럽을 잡고 스윙을 편안하게 하는 것이 현명한 방법이다. 한 클럽 길게 잡고 낮은 궤도의 펀치 샷을 구사하기에 충분하다.

어프로치 샷

정교한 샷
공격적인 어프로치 샷으로 까다로운 핀의 위치로 직접 날아가게 한다.

샷 구상

플레이 볼이 그린의 왼쪽 방향으로 날아가 그린에 떨어지기 전 핀을 향해 다시 오른쪽으로 휘어들어오는 페이드 샷을 구사하기 위해 자세를 가다듬는다.

클럽 한 클럽 길게 잡는다. 페이드 샷은 일반적인 스트레이트 샷보다 거리가 약간 짧게 날아간다.

볼은 왼쪽으로

볼을 스탠스 중앙에서 3~5cm 왼쪽으로 위치시킨다. 클럽의 궤도가 위로 올라오면서 클럽 페이스가 약간 열리게 될 것이다. 이는 상체를 약간 열리게 하여 왼쪽에서 오른쪽으로의 스핀을 주는 페이드 샷을 유발하고, 볼의 궤도를 더 높고 부드럽게 그린에 안착시킨다.

척추 각도

어드레스 시 머리는 볼보다 뒤쪽에 있으면서 척추의 각도를 견고하게 하여 폴로-스윙에 도움을 줄 것이다. 이는 볼의 궤도를 높여 줌으로써 볼을 부드럽게 떨어지게 하여 보다 쉽게 핀을 공략할 수 있게 될 것이다.

팔을 최대한 멀리

페이드 샷을 만드는 핵심 요소는 임팩트 시 클럽페이스가 열려 있어야 한다는 것이다. 백스윙을 할 때 궤도의 바깥쪽으로 가능한 한 몸에서 멀리 길게 뻗어야 한다.

코스 전략 **119**

나무에 가려진 경우의 샷

슬라이스로 인해 나무숲으로 들어갔을 때 페어웨이로 빠져나오는 방법은 여러 가지가 있다. 당신에게 맞는 샷을 선택하여 플레이하라.

초급자

플레이 나무 사이로 나오거나 볼을 높이 띄워 빠져나오려는 생각은 잊어버려라. 단지 볼이 나올 수 있는 충분한 각도의 클럽을 선택하여 가장 쉬운 옆쪽을 경유하여 페어웨이로 돌아가라.

확실하게
깔끔한 샷을 하기 위해 스윙에 신경을 집중하고 낮게 유지하라.

나무에 가려진 경우의 샷

초급자

볼은 스탠스 뒤쪽으로

피칭 웨지는 충분한 로프트를 가지고 있다. 임팩트 시 클럽 헤드가 볼에 닿기도 전에 풀에 엉키는 것을 방지하기 위해, 어드레스 시에 볼이 평상시보다 조금 더 오른쪽에 위치하는 것을 확인한다.

스윙 크기

임팩트에서 스윙을 멈추는 것은 위험하다. 백스윙과 같은 크기의 폴로-스윙을 유지해 주는 것은 더프 샷을 피하고 부드러운 샷을 하는 데 도움을 줄 것이다.

가슴의 중심

임팩트 시 손목을 꺾어 들어 올리는 샷은 또 다른 실수이고 위험 요소를 생기게 한다. 볼을 친 뒤 스윙을 낮게 유지하는 좋은 방법은 가슴의 중심을 향해 그립의 끝부분이 오도록 하는 것이다.

코스 전략

나무에 가려진 경우의 샷

클럽을 고려하라
페어웨이를 넘어 버려 다른 트러블 샷을 만들지 않도록 클럽을 선택하라.

중급자

플레이 당신이 아직 높은 틈새를 이용하는 어려운 샷을 할 준비가 되어 있지 않다면, 페어웨이로 돌아가는 앞쪽 방향의 나무 사이로 볼을 빠져나가게 하여 거리를 줄일 수 있다.

중급자   나무에 가려진 경우의 샷

안전을 유지하라

정확히 볼을 어디로 보내야 할지 생각하기보다는 나무들 사이에서 볼을 빼낸다는 생각으로 샷을 하는 것이 훨씬 쉬운 방법이다. 또한 무리하게 볼을 빼내어 또 다른 트러블 샷에 빠지기보다는 보낼 수 있는 페어웨이가 어느 정도인지 확인하는 데 신경을 쓰도록 한다.

클럽

클럽 선택은 신중하게 해야 한다. 이런 특별한 경우, 6번 아이언은 볼을 짧은 러프에서 빠져나가게 할 수 있는 여유로운 로프트를 지니고 있지만 나뭇가지에 걸리지 않고 빠져나오기는 충분하지 않다.

릴리스

어드레스 시 클럽페이스의 로프트가 볼의 뒤에서 닫히지 않고 정확히 놓이게 한다. 그리고 볼이 나무 아랫부분으로 낮은 탄도로 날아가기 위해 임팩트 후 오른쪽 손목이 왼쪽 손목을 감싸 릴리스할 수 있도록 집중한다.

코스 전략 **123**

멘탈 이미지
셋-업 하기 전, 볼이 어떻게 날아갈지 머릿속으로 이미지를 그려 본다.

플레이 주의 깊게 준비하고 정확한 준비 자세가 되었다면 망설일 필요 없이 핀까지의 거리에 맞는 클럽을 선택하여 나무 위로 볼을 날려 버려라.

나무에 가려진 경우의 샷

상급자

볼의 탄도를 주의하라

운에 맡기지 마라. 볼을 제대로 보내기 위해서는 신중해져야 한다. 나뭇가지 위로 볼을 날려보내기 위해 볼의 상태와 탄도를 주의 깊게 살핀다. 샷에 필요한 좋은 멘탈 이미지를 만든다.

어드레스

이 샷에 맞는 올바른 클럽을 선택했다는 확신을 갖고, 가장 큰 로프트를 주기 위해 볼을 스탠스 중앙에서 왼쪽에 위치시키고 어드레스한다. 오른쪽 어깨의 위치는 왼쪽의 높이보다 아래 있어야 한다.

높은 피니시

상황에 관계없이 볼을 손으로 날려보내려고 의도해서는 안 된다. 임팩트 시 클럽 헤드가 가속이 붙어 힘있게 휘둘러지는 데 집중해야 한다. 피니시는 높게 가져가고 균형을 유지하도록 한다.

연못을 건너는 피칭

연못이나 강이 앞에 놓여 있다면 그린은 없다. 다음에 해야 하는 것이 얼마나 중요한지 알아야 한다.

초급자

플레이 웨지를 잡고 그린 중앙을 조준하는 안전한 플레이를 한다. 많은 100타대의 골퍼들은 이곳에서 잘못된 생각을 한다. 그린 앞의 해저드를 통과하여 그린에 올리기 위해 높은 탄도의 볼을 만들기 위해 노력하는 것이다. 하지만 이는 퍼 올리는 동작을 하게 하여 더프나 볼을 얇게 치게 되므로, 그 대신 볼을 앞으로 보낸다는 평탄한 샷을 생각하라.

평평하게 쳐라

초보자는 위로 올리는 샷이 아닌 볼을 앞으로 보내는 샷을 해야 한다. 클럽의 로프트가 볼의 탄도를 결정하게 내버려 둔다.

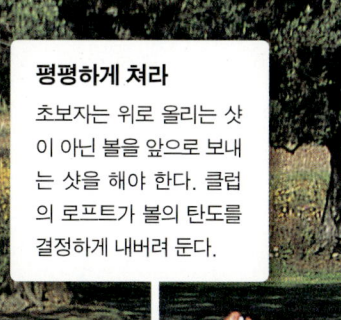

초급자 — 연못을 건너는 피칭

준비 자세

볼과 셔츠 단추가 일직선이 되게 선다. 볼은 스탠스 중앙에 위치하게 된다. 이러한 볼의 위치는 오른쪽으로 체중 이동과 더불어 볼을 앞으로 보내는 조화로운 타격을 만드는 데 도움을 줄 것이다.

임팩트

백스윙을 하기 전 임팩트 자세를 연습해 본다. 클럽을 볼 10cm 정도 앞 땅에 내려놓는다. 또한 셔츠 단추가 볼의 앞쪽을 향하게 한다. 이것은 임팩트 느낌을 통해 평평한 탄도를 만들기 위한 스윙을 어떻게 하는 알려 주게 된다.

스윙

앞으로 쳐라. 스윙에 관한 두 가지 생각을 하라. 첫 번째, 가능한 낮게 볼을 치려는 느낌을 갖고 스윙한다. 볼을 앞으로 보내 평평한 탄도를 만들기 위해 필요한 도움을 줄 것이다. 두 번째, 미리 임팩트 자세를 만들어 보는 연습을 통해 정확한 위치를 찾으려 노력한다.

코스 전략 **127**

중급자

준비 자세

다리, 엉덩이 그리고 어깨를 5m 정도 핀의 왼쪽으로 겨냥한다(오른손잡이의 경우). 당신의 스윙 궤도는 자연스럽게 어깨 라인을 따라 지나가게 된다. 왼쪽을 겨냥한 어깨의 조준으로 인해 볼을 타격할 때 아웃-인 궤도를 만들어 페이드 샷을 유발하고 런이 많지 않은 볼의 착륙을 도와준다.

백스윙

클럽 헤드가 아웃-인 궤도로 지나가서 볼에 스핀을 주는 목적을 가지고 펀치 샷을 한다. 백스윙은 짧고 폴로-스윙은 길게 가는 스윙 기술을 찾도록 해 준다. 백스윙은 엉덩이 높이로 올리고 손목은 움직임이 없게 한다.

폴로 스루

폴로 스루를 힘 있게 가속한다. 스윙의 충분한 추진력을 주어 손이 어깨 높이까지 보낸다. 이는 볼이 컷 스핀(사이드 스핀)으로 부드럽게 그린에 떨어지고 또한 핀까지 날아가는 데 있어 충분한 힘을 준다.

거리 감소

페이드샷을 구사하기 위해 볼을 잘라쳐 스핀을 주기 때문에 5m 정도 거리가 감소한다.

연못을 건너는 피칭

플레이

중급자 중급자는 '업 앤 다운*'을 노려야 한다. 이 말은 핀에 5m 안쪽으로 또는 더 가깝게 붙이도록 피치 샷을 해야 한다는 것을 의미한다. 볼을 핀에 가까이 붙여 그린에 안착시키기 위해 약간 높은 탄도로 스핀을 만들어 내는 것이 필요할 것이다. 샌드 웨지를 이용하여 약간 아웃-인 궤도로 볼을 치도록 한다.

*업 앤 다운 up and down : 칩 샷이나 피치 샷으로 볼을 그린 위에 올린 뒤 단 한 번의 퍼팅으로 홀에 넣는 경우 - 역주

코스 전략 **129**

연못을 건너는 피칭

완전한 제어
샷을 부드럽게 깎아 치면 공이 높이 날아 간결하게 떨어지게 된다.

상금 챗

플레이 60야드 남은 거리. 한 번의 샷과 한 번의 퍼팅으로 '홀아웃' 한다는 결심을 한다. 당신은 여기서 파세이브를 하거나 파5에서 버디를 기대할 수도 있다. '업 앤 다운'의 의미는 홀컵으로부터 2.5m 이내에 볼을 떨어뜨릴 수 있다는 뜻이다. 이는 핀 가까운 지점에 볼이 떨어져 스핀으로 볼을 잡아 두는 '컷-업 샷'*을 필요로 한다. 56도의 샌드 웨지나 60도의 로브 웨지를 이용하여 샷을 한다. 왼쪽을 겨냥하여 컷-업 샷을 한다.

*컷 업 Cut-Up 샷 : 볼을 높이 띄워 올리는 페이드성 샷 - 역주

연못을 건너는 피칭

상급자

어드레스

스윙

다리, 엉덩이 그리고 어깨를 핀에서 왼쪽으로 10m 정도 떨어진 지점으로 향하게 한다(오른손잡이일 경우). 이는 컷-업 샷을 위해 필요한 아웃-인 스윙 궤도를 위한 방법이다. 그러나 클럽페이스는 반드시 핀을 향해 있도록 주의한다. 클럽 헤드를 보면 클럽페이스가 열려 있는 것처럼 보일 것이다.

이러한 가속이 없는 샷에서는 한 가지의 페이스를 유지하는 풀스윙을 하도록 한다. 이는 파워를 필요로 하는 샷이 아니다. 파워보다는 컨트롤이 필요하며, 다운스윙 동안 발생할 수 있는 속도감을 떨쳐낸다. 손은 부드럽게 유지하고, 클럽이 위에서 아래로 떨어지도록 내버려 둔다(가운데 위). 이러한 부드러운 동작은 샷을 조용하게 만들고 볼이 그린에 부드럽게 앉도록 도와준다.

흙을 닦아 내는 느낌으로 샌드 웨지의 밑바닥에 진흙이 묻어 있다 생각하고 볼을 칠 때 필요한 동작을 생각한다. 당신은 잔디를 어떤 방식으로 이용하여 클럽 솔(sole)에 묻은 진흙을 닦아 낼 것인가? 아마도 밑바닥을 클럽페이스가 겨냥하고 있는 방향에 각도를 맞추어 잔디를 따라 클럽을 끌어 닦아 낼 것이다. 이 동작을 샷을 할 때 응용하도록 한다(오른쪽 위).

코스 전략 **131**

긴 벙커 샷

30~60m의 긴 벙커 샷은 골프에 있어 홀인원을 제외하고 가장 힘든 샷으로 알려져 있다. 당신의 수준에 맞는 기술을 찾도록 한다.

플레이 이 샷을 '칩-앤-런'*이라고 생각한다. 볼을 모래 위에서 떼어내듯이 손목을 견고하게 하고 샷을 하여 볼을 그린 위로 띄워 보낸다.

클럽 물론 우선순위는 벙커 턱을 넘기 위한 충분한 로프트이지만 가능한 최대의 거리를 낼 수 있는 클럽을 선택하도록 한다. 8번 아이언은 일반적으로 좋은 선택이다.

*칩-앤-런 chip-and-run : 볼을 낮게 띄워 그린에 떨어뜨린 뒤 굴려서 홀에 붙이는 샷 - 역주

깔끔하게 친다
몸은 고정시키고 손목을 견고하게 한다. 칩 앤 런 샷처럼 샷을 한다.

볼은 뒤쪽으로

볼을 셔츠 버튼의 오른쪽과 뒤꿈치 사이에 위치시킨다. 이 위치는 클럽페이스 로프트의 각을 약간 줄인다는 것을 염두에 두고 있다. 그러나 이는 하향 타격을 미리 준비하여 당신이 볼을 먼저 타격한 다음에 모래를 치도록 돕는다.

견고한 손목

그립을 조금 더 강하게 잡는다. 이는 손목이 움직이는 것을 방지하고 몸의 동작을 간소화시킨다. 만약 샷에 대해 지나치게 자신만만하지 않다면 그것은 승산이 있는 움직임이다. 손목 동작을 자제하고 능숙한 감각은 잃을 수도 있지만 이는 어려운 샷에 따를 수 있는 여러 변수들을 피해 가게 한다.

몸의 고정

몸은 최대한 움직이지 않는다. 볼을 깔끔하게 쳐 내는 것은 고도의 정밀함을 요구하는 기술이다. 당신이 하려는 샷은 아주 작은 더프 샷일지라도 볼을 그린으로 움직일 수 있게 한다. 임팩트를 하는 동안 몸의 움직임을 최소화하여 깔끔한 스트라이크 기회를 높인다.

코스 전략 **133**

긴 벙커 샷

중급자

플레이 높이 떠 가는 볼 또는 낮게 떠서 굴러 가는 공이 아닌 중간 정도로 날아가는 볼을 그려 본다. 이것은 바로 당신이 원하는 볼의 궤적이다. 이것은 볼을 그린의 앞까지 날아가게 하고 핀을 향해 굴러가도록 할 것이다.

클럽 피칭 웨지를 선택한다. 이 클럽은 파워와 로프트의 알맞은 조화를 가지고 있다. 대부분의 벙커턱을 넘게 해 주지만, 약간 앞쪽을 향해 힘을 주어야 한다.

쓰는 듯한 스트로크 웨지를 사용한다. 손목을 약간 꺾음으로써 그린으로 보낼 중간 높이의 샷을 한다.

왼쪽을 겨냥한다

완만한 컷 샷으로 성공할 확률을 높인다. 클럽페이스를 열린 상태로 두거나 최소한 스퀘어로 두어 임팩트 시 로프트를 유지하도록 한다. 그러므로 볼과 핀의 라인에서 몸은 왼쪽 편으로 겨냥한다.

손목의 움직임

손목의 움직임은 더 많은 기교를 부릴 수 있게 하고 샷을 할 때 절제된 스핀을 더해 준다. 이 샷에서, 약간의 손목 동작을 가미하되 지나치지 않도록 주의한다.

약간의 모래를 친다

공 바로 뒤에 있는 모래를 쳐라. 모래를 많이 치게 되면 공이 멀리 나가지 않을 것이고, 볼만 치게 되면 거리를 제어하기 힘들어질 것이다. 아무도 이 기술이 쉽다고 하지 않는다. 그러나 일정한 모래를 치는 연습 샷을 통하여 당신의 실력과 자신감이 늘 것이다.

긴 벙커 샷

높은 탄도 샷에 전념하고 완전한 폴로스루를 통해 높은 탄도를 만들어 낸다.

플레이 볼을 플레이하기 좋은 곳으로 가까이 보낸다. 핀을 향해 날아가도록 백스핀을 주어 볼을 높게 샷 한다.

클럽 샌드 웨지를 이용한다. 백스핀을 주기 위해 속도감 있는 완전한 스윙을 한다. 높이 떠서 떨어지는 탄도를 만들어 내며, 이는 볼이 앞으로 굴러가지 않는다는 뜻이다.

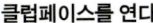

클럽페이스를 연다

클럽페이스를 약간 열어 두어 로프트의 각을 크게 한다. 이는 높게 떠서 부드럽게 떨어지는 볼의 탄도에 도움을 줄 것이다. 또한 모래를 걷어 내는 데 유리하도록 샌드 웨지의 솔을 좀 더 둥글고 탄력 있는 바운스로 만든다.

손목을 꺾는다

이 샷을 할 때, 손과 손목을 이용하여 클럽 헤드가 공 바로 밑의 모래로 들어가도록 한다. 그립은 부드럽게 잡도록 유지하며 백스윙 동안 손목은 최대한으로 꺾여 올라가도록 한다. 여기서부터 임팩트까지 자신 있게 들어가도록 한다.

폴로스루는 크게

아주 적은 양의 모래를 볼과 함께 치게 되어 임팩트의 강도가 줄어든다. 그러므로 볼의 뒤쪽을 타격하여 핀으로 보내는 확실하고 명확한 샷을 하게 될 것이다. 폴로스로의 크기가 확실한 샷이었는지를 증명한다. 손은 당신의 왼쪽 귀 옆에 오게 되고 샤프트는 목 뒤를 건드리고 있어야 한다.

벙커가 중간에 있는 경우

실력 있는 골퍼들에게도 볼을 벙커 위로 띄워 넘겨 그린에 올리는 샷은 쉽지 않다.

확실한 선택은 샌드 웨지를 선택하여 잡고 공을 벙커 너머로 띄워 보내는 기술이지만 매우 위험한 요소가 있다. 그러나 벙커를 넘겨 보내는 몇 가지의 대안들이 있다. 볼을 그린에 떨어뜨려 핀 옆에 반드시 멈추게 하지는 않지만, 당신이 파 세이브를 할 수 있도록 충분히 가까운 거리의 퍼트를 남겨 줄 것이다. 이는 더프 샷으로 벙커로 볼을 보내어 그 안에서 어려운 상황을 대하는 것보다 훨씬 낫다.

초급자 당신의 큰 문제점은 샷을 망칠까 봐 두려워하는 것이다. 문제에 대해서 생각하다 보면 결국 그 문제에 얽매이게 되고 만다. 이에 대한 해결책은 간단한 조금의 손목의 코킹을 이용하는 '칩-앤-런' 샷을 하는 것이다. 움직임이 적어질수록 실수할 가능성도 줄어든다.

상급자 필 미켈슨(Phil Mickelson)의 로브 샷*을 통해 배운 당신의 숏게임 실력을 보여 줄 시간이다. 이처럼 볼이 높이 뜨고 부드럽게 떨어져서 핀 옆에 바로 세우는 샷은 버디 기회를 보장한다.

* 로브 샷 Lob shot : 피치 샷보다도 더 볼을 높게 띄워 런을 거의 만들지 않는 어프로치 샷 - 역주

벙커가 중간에 있는 경우

중급자 당신은 이제 업 앤 다운을 고려해 볼 만큼 실력을 지니고 있다. 하지만 '모 아니면 도'식의 로브샷 은 많은 위험을 수반한다. 오픈 스탠스로 간단한 칩샷 기술을 이용한다. 볼은 위로 떠 벙커를 넘게 되고 약간 구른 뒤에 멈추게 될 것이다.

코스 전략 **139**

벙커가 중간에 있는 경우

칩 샷으로 보내기
칩 샷을 하면서 당신의 손이 클럽페이스보다 앞에 위치하도록 한다. 이는 클럽의 로프트를 최대로 유지하여 볼이 띄워져 나와 벙커를 넘어가도록 한다.

초급자
안전이 우선이다
이 샷은 당신이 실패할 확률이 가장 높은 샷이지만 물론 간단한 해결책이 있다. 바로 칩-앤-런 기술을 이용하는 것이다. 볼을 당신의 스탠스의 오른쪽으로 향한 위치에 놓고 볼의 앞부분(왼쪽)에 손을 둔다. 당신의 체중은 왼쪽으로 실어 주어야 하며 스윙을 하는 동안에도 체중을 왼편에 그대로 두도록 한다.

확실한 칩 샷

스탠스의 중앙에 볼을 두고, 볼 바로 위에 손을 위치시키며 무게 중심은 왼쪽으로 둔다.

왼쪽을 겨냥하되 클럽페이스는 타깃을 향해 스퀘어로 유지한다.

짧은 백스윙과 처음부터 끝까지의 스윙을 해 본다. 그렇게 되면 공은 보통 칩 샷보다 더 높이 올라가게 되고 적게 굴러가게 된다.

떠서 멈춘다

클럽을 열어 눕히고 그립을 잡는다.

손은 공의 뒤쪽(오른쪽)에 있어야 하며 그립의 끝은 바지의 지퍼 쪽을 향하게 한다.

무릎을 크게 굽히고 손목 코킹을 하여 완전하고 부드러운 스윙을 한다. 높이 띄우는 샷을 위해 클럽 헤드가 손을 추월하도록 둔다.

그린 주변의 벙커 샷

벙커에 빠졌을 때 너무 무리해서 난처한 경우가 되기 쉽다. 정확한 샷을 통해 벙커를 벗어나도록 하자.

초급자

플레이 어떤 벙커에서든 간에 3타 안에 해결하는 것은 가장 좋은 결과이다. 따라서 전략을 벙커 샷 다음은 퍼팅을 하는 것으로 세워라. 만약 핀이 보이지 않으면, 핀을 겨냥하는 것을 포기하고 그린 위에 볼을 올리는 것에 집중하는 것이 실수할 수 있는 가능성을 가장 줄일 수 있다.

클럽 샌드 웨지를 사용하는 것이 일반적이지만 벙커의 턱이 너무 가파르다면 로브 웨지를 이용하는 것이 좋다.

안전한 샷이 우선
핀에서 멀어지는 샷이 된다 하더라도 가장 안전한 방법을 택하라.

초급자 | 그린 주변의 벙커 샷

클럽을 공중에 띄워 놓는다

이상적인 샷은 당신의 샌드 웨지의 바닥이 볼의 5cm 정도 뒤쪽이나 바로 뒷부분의 모래를 쳐서 퍼 내는 것이다. 클럽은 절대 볼을 때려서는 안 되고, 볼 아래에 놓인 모래를 겨냥해서 벙커 밖으로 퍼 내도록 해야 한다. 따라서 임팩트하고자 하는 지점의 위에 클럽의 솔 부분을 띄우는 연습부터 한다.

샤프트의 위치

짧은 거리의 벙커 샷에서 풀스윙을 하는 것은 옳지 않다. 하지만 하프 스윙 역시 불확실하게 한다. 따라서 모래를 강하게 때려라. 임팩트 시에는 그 힘이 줄게 되어 있다. 그리고 적어도 3/4 정도의 백스윙을 한다. 그림에서와 같이 샤프트는 수직으로 서 있어야 하고, 클럽 헤드는 하늘을 향해야 한다.

스파이크를 보여라

만약 당신의 샷이 중간에 멈추게 된다면, 이는 다운스윙 과정에서 일어났을 것이다. 당신의 오른편이 볼을 임팩트하고 회전하는 것에 저항할 것이다. 이는 뒷사람에게 스파이크를 보여 준다는 생각으로 당신의 뒤꿈치를 드는 방법으로 해결할 수 있다. 이러한 방법은 당신의 몸 오른편이 회전하는 것을 도와준다.

코스 전략 143

그린 주변의 벙커 샷 — 중급자

약간 왼쪽을 겨냥하라

벙커에서의 짧은 샷은 볼을 띄우기 위해 손동작을 취할 필요가 있다고 생각하기 쉽다. 이러한 것은 모두 잊어버려라. 최고의 전략은 핀을 지나치게끔 샷을 하는 것으로, 일반적인 스플래시 샷*이라고 생각하면 된다. 볼에 스핀이 걸리므로 1~2m 정도 왼쪽을 겨냥한다.

*스플래시 샷 splash shot : 클럽 헤드가 모래 속으로 강하게 파고 들면서 모래와 함께 볼을 쳐내는 샷 -역주

발의 라인을 따른다

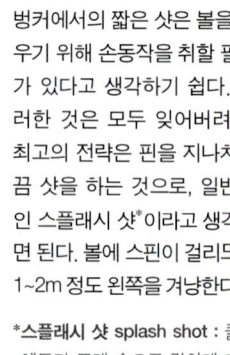

가장 흔한 실수는 홀을 향한 라인을 따라 클럽을 안쪽으로 잡아당기는 오픈 스탠스를 취하는 것이다. 이는 스윙 궤도를 정렬된 발 라인과 맞지 않게 하여 결국 잘못된 샷이 되게 한다. 클럽 헤드의 움직임이 당신의 발끝 라인과 평행을 이루게끔 하라. 이는 제대로 된 스윙을 하게 한다.

손은 왼쪽 귀를 지나간다

짧은 거리에서의 스윙 시에, 당신의 머릿속에선 속도를 줄이고 살짝 치라는 속삭임이 들릴 것이다. 핀이 결국 10m 거리에 있는 것은 사실이지만 속도를 줄이는 것은 클럽이 모래에 박히는 결과를 낳는다. 그런 생각들을 무시하고 완벽한 마무리를 이루게끔 완전하게 스윙하라. 양손은 당신의 왼쪽 귀를 지나가게 된다.

그린 주변의 벙커 샷

단순한 방법을 택하라
너무 어렵게 생각하지 말고, 핀을 지나친다는 생각으로 친다면 다음 샷에서 더욱 성공할 확률이 높은 퍼팅이 가능하다.

상급자

플레이 벙커에서 빠져나오는 데 어려움을 겪는 가장 큰 이유는 당신이 무리한 샷을 시도하는 것이다. 핀을 지나치는 샷을 하라. 핀에서 10m 혹은 그보다 더 멀리를 겨냥하는 것이 파세이브를 할 수 있는 방법이다.

클럽 샌드 웨지나 로브 웨지 모두 좋다. 하지만 모래가 두껍거나 무겁다면, 더 무게가 나가는 샌드 아이언*을 택하는 것이 좋다.

* **샌드 아이언** sand iron : 벙커 샷을 하기 용이하게 만들어져 있는 아이언 클럽 - 역주

코스 전략 **145**

그린 주변의 벙커 샷

글랜싱 블로(Glancing Blow)
핀의 왼편을 겨냥하고, 아웃-인 궤도로 스윙하라. 거리를 컨트롤 하려면 폴로-스윙의 길이를 조절하라.

샷 금지

플레이 그린이 아무리 작더라도, 70타를 치는 사람들은 클럽페이스를 조절하여 공을 그린 위에 올려 놓는다. 단순하게 핀에 가까이 붙이기 위해 공격적인 플레이를 하라.

클럽 로브 웨지를 이용하라. 로프트가 좀 더 높아, 이 샷이 요구하는 보다 가파르고, 보다 부드러운 샷의 궤적을 만들어 낼 수 있다.

그린 주변의 벙커 샷

상급자

왼쪽을 겨냥하라

좀 더 왼쪽을 겨냥할수록 클럽페이스가 열리는 스윙 궤도를 만들어 좀 더 글랜싱 블로*하게 된다. 이는 예민한 이 샷에 있어서 클럽 일부분의 힘만으로 목표했던 라인을 따라 볼을 핀으로 보낸다는 것을 의미한다.

* 글랜싱 블로 glancing blow : 빗겨맞는 타격 - 역주

백스윙을 길게 가져가라

백스윙을 길고 리듬 있게 가져가라. 이 샷은 임팩트 시에 가속도가 거의 0에 가까울 정도로 아주 민감하다. 만약 백스윙이 너무 짧다면 스윙을 더욱 빨리 가져가게끔 하기 쉽다. 양손을 머리 높이 정도로 올려라.

낮은 폴로스루

다운스윙은 모래가 클럽 헤드의 속도를 줄게 만든다는 생각으로 최대한 가볍게 하고, 폴로-스윙은 짧게 가져간다. 정말 짧은 거리에서 이루어지는 샷일 경우, 폴로-스윙에서의 클럽 헤드의 높이는 무릎 높이를 넘지 않도록 한다. 이를 위해선 많은 연습이 필요하지만 마스터할 경우 아주 유용한 기술이다.

코스 전략 147

에그 프라이* 벙커 샷

볼은 벙커의 모래 속에 파묻혀 있고 이를 빼내기가 난감한 상황이다. 여기에 이런 악몽 같은 상황에서 벗어날 수 있는 세 가지 방법이 있다.

*에그 프라이 Fried egg in the bunker : 벙커 안에서 볼이 모래에 깊이 박혀 반 정도밖에 보이지 않는 상황 - 역주

초급자

안전하게 처리한다

볼에 가까이 다가가 벙커 턱에 얼마나 가까이 박혀 있는지 확인하라. 만약 볼이 벙커 턱 바로 아래에 있다면 벙커 턱의 반대쪽을 향해 샷을 한다. 이는 두 번의 퍼팅으로 해결할 수 있는 가장 좋은 방법이다.

클럽페이스를 닫는다

클럽 헤드의 토 부분이 안쪽으로 향하게끔 그립을 쥐어라. 클럽은 볼의 뒤편에서 띄워져 있으면서 볼 뒤쪽 모래를 가파르게 다운스윙하라. 클럽페이스가 닫혔기 때문에 클럽은 좀 더 쉽게 모래를 파고 들어갈 수 있다.

백스윙은 가파르게 올린다

백스윙은 짧고 가파르게 올려야 한다. 손목을 최대한 이용하여, 클럽 헤드가 하늘을 향하게끔 올린다. 이후에는 클럽 헤드를 모래를 향해 떨어뜨리면 된다. 긍정적으로 생각하고 샷에 집중하면 볼은 튀어오를 것이다.

샷 페어리의 벙커 샷

단순하게 하라
너무 의욕적인 샷은 하지 마라. 이는 볼을 다른 곳으로 보낼지도 모른다는 뜻이다.

초급자

플레이 당신이 한 가지 염두에 두어야 할 것은 모든 가능한 방법을 이용하여 공을 바깥으로 꺼내야 한다는 것이다. 정상적인 플레이를 할 수 있는 최단 코스를 찾아라. 가령 이 방법이 볼을 카트나 다른 그린 위에 올려야 하는 것이라도, 그렇게 하라.

클럽 당신이 가진 클럽 중 로프트가 가장 큰 클럽을 선택한다. 샌드 웨지든 로브 웨지든 상관없다. 다만 스윙 시엔 모래 속으로 내리쳐야 하므로 클럽페이스를 닫아야 한다.

코스 전략 **149**

에그 프라이 벙커 샷

타깃 지점을 정한다
그린의 가장 넓은 부분을 겨냥하면 두 번의 퍼팅으로 홀 아웃할 수 있다.

중급자

플레이 핀을 겨냥하여 샷을 하는 것은 좋지 않다. 그 대신 그린의 가장 넓은 부분을 겨냥하여 볼을 뿌린다는 느낌으로 샷을 하라. 이는 두 번의 퍼팅 내에 홀아웃 할 수 있는 지점으로 볼을 친다는 의미다.

클럽 벙커 턱을 넘기기 위해서는 샌드 웨지를 택하는 것이 좋다. 클럽페이스가 스퀘어를 이루었는지 확인한다. 이를 통해 자연스러운 볼의 탄도를 얻을 수 있다.

중급자 · 높은 프라이 벙커 샷

현명한 플레이

지나치게 욕심을 부리거나 핀을 직접 겨냥하여 플레이하면 안 된다. 현명한 방법은 그린의 가장 넓은 부분을 노리는 것이다. 이 부분은 좀 더 낮은 벙커 턱으로 넘기기 수월하고, 이는 다시 실수할 확률이 보다 적음을 의미한다. 파를 기록하기까진 아직 두 번의 샷 기회가 남아 있다.

클럽페이스를 스퀘어로

효과적인 샷을 위해서 어드레스 시에 클럽을 닫거나 열 필요가 없다. 샌드 웨지가 지니고 있는 로프트가 해결해 줄 것이다. 복잡하게 생각하지 말고 모래 위에서 이루어지는 다른 샷과 같이 볼 뒤의 모래를 쳐야 한다는 점에 집중하라.

짧은 폴로스루가 낫다

이러한 벙커 샷의 특성은 볼을 꺼내기 위해선 많은 양의 모래를 쳐야 한다는 것을 의미하고, 결과적으로 폴로-스윙이 거의 짧게 멈춘다는 것이다. 완벽한 피니시 동작을 취하지 못한다 하더라도 걱정하지 마라. 클럽이 볼의 바로 아랫부분을 쳐서 볼이 확실하게 벙커에서 튀어나올 수 있게만 하면 된다.

코스 전략

에그 프라이 벙커 샷

타협의 여지가 없다
다소 어려운 이 샷은 로프트가 큰 클럽을 필요로 하며, 모래를 강하게 때려야 한다.

샷 분석

플레이 이 샷은 고난이도의 기술을 요구하는 것으로, 벙커에서 빠져나오는 데 숙련되고 익숙하다면 시도해 볼 수 있다. 핀을 직접 겨냥하고, 모래를 강하고 빠르게 때린 뒤에 클럽을 자신 쪽으로 즉시 되감는다.

클럽 성공적인 샷을 위해선 로프트가 큰 클럽을 택해야 한다. 샌드 웨지나 로브 웨지를 택하는 것이 필수적이다.

핀을 노린다

볼을 칠 때 가해지는 힘은 어느 방향이 되든 간에 공이 튀어오르게 됨을 의미한다. 다소 무모해 보일 수도 있지만, 핀을 직접 겨냥하는 것이 올바른 선택이다. 왜냐하면 '업-앤-다운'을 만드는 가장 좋은 기회를 얻을 수 있기 때문이다.

클럽페이스를 연다

성공적인 샷을 위해선 로프트가 가장 큰 웨지를 선택한다. 그립을 잡기 전에 클럽페이스를 가능한 최대로 오픈시킨다. 그리고 클럽 헤드가 모래 속으로 들어가는 부분인 볼의 약간 뒷부분 위에서 클럽을 띄워 놓는다.

타격 후에 되감는다

모래를 강하게 타격할수록 더 좋은 결과를 거둘 수 있다. 왜냐하면 모래에 임팩트하자마자 클럽이 다시 몸 쪽으로 되감기는 느낌을 받을 수 있기 때문이다. 이는 클럽을 모래 속에서 튀어오르게 만들 것이고, 공을 더 높이 띄워 그린에 부드럽게 안착시킬 것이다.

그린 앞의 언덕

홀을 10m 가량 남긴 지점에서 작은 언덕을 만났다면 어떤 플레이를 할 것인가? 자, 당신의 해결 능력을 보여주자.

초급자

일정한 연습 방법

적어도 두 번 이상 연습 스트로크를 하는 습관을 갖는다. 볼을 스트로크 하는 것처럼 완벽한 예행 연습을 한다. 가능한 가까이 핀에 붙이기 위해 필요한 스트로크의 리듬과 크기를 연습한다. 이러한 연습은 좀 더 편한 스트로크를 하는 데 도움이 된다.

백 스트로크 - 손목을 유연하게

백 스트로크의 마지막 부분에 손목을 약간 구부려 준다. 왼쪽 손목은 평평하게 펴 주고, 오른쪽 손목은 유연하게 구부려 준다. 손목을 약간 구부리는 것만으로도 퍼터 헤드에 더 큰 힘을 실어 줄 수 있다.

폴로스트로크

척추의 각도를 유지하라. 공이 원하는 방향으로 흘러간다 하더라도, 몸을 일으키는 습관을 가지면 안 된다. 허리를 약간 숙인 자세를 유지하는 것은 몸을 일으키는 것을 막아 주어 퍼팅의 질을 떨어뜨리는 움직임을 막을 수 있다.

낮은 자세를 유지하라
볼이 홀을 향해 바른 궤적을 그리며 굴러갈 때까지 낮은 자세를 유지하라. 일어서면 퍼팅을 망치게 될 것이다.

초급자

플레이 확률이 높은 샷은 볼을 지면에 최대한 가까이 붙여 언덕을 넘어 굴러갈 수 있게끔 하는 것이다.

클럽 페어웨이의 잔디가 길지 않다면 퍼터를 선택하는 것이 좋다. 이는 더프가 나거나 볼을 얇게 치는 많은 위험 요소들에 대한 걱정을 덜어 준다.

코스 전략

지면에 가깝게
이 칩 샷에선 클럽 헤드를 지면을 향해 낮게 유지한다.

플레이 언덕을 이용하라. 볼을 언덕의 꼭대기에 떨어뜨리는 데 집중한다. 이는 실수의 여지를 낮춰 준다. 볼이 언덕에 떨어지고 나면 핀을 향해 굴러갈 것이다. 이러한 샷은 볼이 긴 잔디에 걸리는 것을 막아 준다.

클럽 8번 아이언이나 이에 가까운 클럽을 사용한다. 이 로프트는 공이 잔디에 걸리지 않을 만큼 충분한 탄도를 가져다주며, 또한 언덕의 내리막이나 그린까지 닿기엔 거리가 부족한 클럽이다. 만약 볼의 아랫부분을 치더라도 볼이 언덕을 굴러 올라갈 만한 충분한 힘을 가져다준다.

그늘의 영웅

중급자

어드레스

볼의 바로 위에 머리를 둔다. 풀스윙을 위한 자세는 취하지 않는다. 볼에 가까이 다가가 그립의 아랫 부분에서 짧게 쥐고 발은 모은다. 머리를 볼 바로 위에 두면 라인을 볼 수 있게 되며, 클럽의 궤도가 라인을 따라 이루어지게끔 만들어 준다.

백스윙

가장 흔하게 발생하는 두 가지 실수는 볼을 공중에 띄우기 위해 퍼내려고 하는 것과, 공을 아래로 내리치려 하는 것이다. 이 모두는 너무 두껍거나 얇은 샷의 결과를 가져온다. 클럽 헤드를 지면 위에서 낮게 유지하는, 수평한 타격을 유지한다. 그림에서 보듯이 수평으로 놓은 샤프트를 따라 손을 움직이는 연습을 하라.

폴로스루

'양 팔꿈치 사이의 간격을 일정하게 유지한다.'는 생각을 한다. 이렇게 하여 폴로스로로 손의 움직임을 절제하여 실패를 막아 준다. 즉, 볼을 확실하게 타격할 수 있게 도와준다. 팔꿈치 간격의 변화는 손이 과도하게 움직인다는 확실한 신호이다.

코스 전략

칩 앤드 런

어드레스

볼을 그린에 올려 바로 멈출 수 있는 샷을 만들기 위해 힘 있는 다운 블로가 필요하다. 다운 블로를 더 쉽게 하기 위한 어드레스를 취한다. 볼을 오른발 안쪽의 앞에 두고 손은 볼보다 왼쪽에 위치시켜 준다. 왼쪽 어깨에서 클럽 헤드까지 일직선으로 만든다.

클럽 헤드는 손의 바깥쪽으로

백스윙 시 손목이 꺾여 클럽 헤드가 오른쪽 엉덩이 부근에 오면 안 된다. 이는 폴로-스윙 시에도 마찬가지다. 클럽 헤드는 백스윙과 폴로-스윙에서 미세하게 안쪽에서 안쪽으로 나아가는 인-인(in-in) 궤도로 거의 일직선으로 움직이도록 한다.

클럽페이스는 타깃을 향한다

이 샷은 다소 견고하고, 손목은 거의 사용하지 않은 채로 이루어진다. 클럽페이스가 백스윙 시에 열리거나 폴로 스루에서 닫히게 되는 경향이 생기지 않도록 한다. 의도적으로, 클럽페이스는 스윙 시작에서부터 마무리까지 홀을 향하게 한다.

그린 위의 핀

클럽페이스는 타깃 방향으로
스윙 내내 클럽 헤드가 손의 바깥쪽에서 움직이는 것이 샷의 정확도를 높여 준다.

상급자

플레이 볼이 그린에 올라온 뒤 멈추는 샷을 구사할 수 있다면 언덕은 플레이에 아무 문제가 되지 않는다. 볼이 언덕을 넘어 그린에서 두세 번 팅긴 뒤 백스핀의 힘으로 멈출 수 있도록 충분한 로프트의 클럽을 선택하여 견고한 샷을 한다.

클럽 52~56도 정도의 로프트를 가진 웨지나 샌드 웨지를 선택한다. 이는 볼이 언덕을 넘기고 그린 위에 멈추기 충분한 정도의 백스핀을 만들어 낸다.

코스 전략 **159**

티칭 프로

가레스 벤슨 Gareth Benson
맨체스터 소재 애슬리 골프 레인지 티칭 프로

제이슨 브랜트 Jason Brant
이스트 버크셔 골프 클럽 헤드 프로

크리스 브라운 Chris Brown
스코틀랜드 에어셔 소재 웨스틴 턴베리 골프 리조트 헤드 프로

게리 케이시 Gary Casey
잉글랜드 피터버러 소재 토프 우드 유로프로 골프 센터 헤드 코치

닉 클레멘스 Nick Clemens
잉글랜드 와이트 섬 소재 프로비전 골프 홍보 담당(前 티칭 프로)

알리스테어 데이비스 Alistair Davies
잉글랜드 웨스트 미들랜드 소재 벨프라이 시니어 티칭 프로

앤드류 에더링턴 Andrew Etherington
잉글랜드 웨스트 미들랜드 소재 벨프라이 前 티칭 프로

제이슨 프로갓 Jason Froggatt
두바이 알 바디아 소재 포 시즌 리조트 헤드 티칭 프로

애드리안 프라이어 Adrian Fryer
잉글랜드 워링턴 소재 드라이브 타임 레인지 헤드 프로

크레이그 자코비 Craig Jacoby
잉글랜드 서리 소재, 실버비어 사우스 이스트 골프 아카데미 前 티칭 프로

니키 로렌슨 Nickey Lawrenson
두바이 소재 에미레이트 골프 클럽 티칭 프로

스튜어트 모건 Stuart Morgan
잉글랜드 하트퍼드셔 소재 더 그로브 前 헤드 프로

마크 리드 Mark Reed
웨일즈 카마턴셔 소재 마키니스 페닌슐라 골프 클럽 헤드 코치

리 스카브로우 Lee Scarbrow
잉글랜드 베드포드샤이어 소재 존 오그랜트 골프 클럽 헤드 티칭 프로

데릭 심슨 Derek Simpson
잉글랜드 웨스트 미들랜드 소재 벨프라이 시니어 티칭 프로

사이먼 워즈워스 Simon Wordsworth
잉글랜드 웨스트 미들랜드 소재 벨프라이 前 헤드 티칭 프로